ワイド新版

田中角栄 100の言葉

別冊宝島編集部 編

宝島社

まえがきに代えて
「イヨッ」にも角さん流の心得がある！

角さんこと、田中角栄が亡くなって、すでに30年の時が流れた。「金権政治」、「ロッキード事件」、「闇将軍」と散々批判された田中角栄だが、いまは何度も再評価がされる「今太閤《いまたいこう》」となった。

本書は、その角さんの真髄を知るための一冊である。誰よりも心に刺さる演説をした角さん。その言葉のひとつひとつに、雪国でさまざまな苦労をし、政界で生き抜いてきた経験と英知が詰まっている。本書では、その角さんの言葉のなかでも、100を選りすぐった。

角さんのトレードマークに手を挙げて「イヨッ」というポーズがある。本書の73頁で詳しくそのことに触れているが、このポーズにも角さん流の心得が詰まっている。

誰よりも国民を愛し、誰よりも平和を愛した角さんのポーズなのだ。

本書は2015年2月に発行した『田中角栄100の言葉』を再編集し、巻頭に衆議院議員で田中角栄最後の弟子とも言われる石破茂氏のインタビューと、貴重写真で蘇る田中角栄のグラビアをプラスしたものである。

ぜひ、手に取って、角さんの言葉から生きる知恵と、明日への指針を読み取って欲しい。

別冊宝島編集部

写真：アフロ

第4章 政治

巻頭企画

田中角栄の最後の弟子、 衆議院議員石破茂氏が語る

もし、角さんが生きていたら……アメリカ頼みでない日本を作った！

元自民党幹事長の石破茂氏に、田中角栄氏の思い出とともに、いま生きていたら、どんな政治を行うか語ってもらった。

インタビュー＆構成／欠端大林
写真撮影／藤牧徹也

私の政治の師である田中角栄先生が世を去り、今年で30年となります。生前の角栄先生を知る議員も数えるほどになりました。時の流れの速さを、改めて実感します。

若き日の私に、先生がこんな詩を色紙に書いてくださいました。

〈末ついに　海となるべき山水も　しばし木の葉の下くぐるなり〉

地道な努力を積み重ねることの大切さを説いたものと理解していますが、その教えを実践できているかどうか、いまも自問自答しています。

信頼関係で結ばれていた角栄先生と父

私と角栄先生の関係について、述べておきたいと思います。

鳥取県知事、参議院議員をつとめた私の父、石破二朗（１９０８－１９８１）と角栄先生はまさに親友と言える間柄でした。同じ日本海側の多雪地帯、裕福とは言えない農家に生まれた生い立ち、そしてそれぞれの

故郷を思う気持ちがその絆を深めたのでしょう。

父は建設官僚だった30代、40代のころから若手議員だった角栄先生と親交があり、1958年に鳥取県知事に就任してからも深い交流が続きました。

1974年の参議院選挙を控え、総理大臣だった角栄先生は「鳥取で勝てるのは石破しかいない」と父に出馬を依頼します。国政進出には無関心だった父でしたが、「田中の頼みとあれば断るわけにはいかない」と選挙に出て、当選を果たしました。

「知事時代の16年、困ったときは必ず田中が助けてくれた。ここで裏切るわけにはいかない」

それが父の考えでした。

1976年、いわゆる「ロッキード事件」が勃発し、角栄先生は同年7月、東京地検特捜部に逮捕されます。逮捕される数か月前のこと、疑惑がテレビや新聞でさかんに報じられていたころ、まだ学生だった私は父に聞きました。

「お父さん、田中角栄という人と仲良くしていて大丈夫なの？　5億円をもらったとか新聞に書いてあるけど……」

すると、父はいつにも増して厳しい表情を作り、私を一喝したのです。

「お前、一度でも田中と会ったことがあるのか」

もちろん、会ったことも話したこともありません。答えに詰まっていると、父はこう続けました。

「田中は5億円をもらっていないと言っているんだ。だからもらっていない。人を信じるということは、そういうことだ」

父は1980年の参院選で2期目の当選を果たしたあと、すい臓がんが判明し入院します。そのときも、病院や手術の執刀医など、刑事事件の被告人になっていた角栄先生がすべて手配をしてくれました。

「選挙の基本はまず、あいさつ回りだ」

1981年9月、父は73歳で死去しました。生前の父を見舞い、「お前が死んだら俺が葬儀委員長をや

石破茂（いしば　しげる）

1957年2月4日生まれ。鳥取県八頭郡八頭町出身。衆議院議員当選12回。慶應義塾大学法学部法律学科卒業。株式会社三井銀行行員、木曜クラブ事務局員を経て、防衛大臣、農林水産大臣、自民党政務調査会長、自民党幹事長などを歴任。趣味は料理（カレーには自信あり）、読書、遠泳。音楽鑑賞、マンガを楽しみ、酒もたしなむ。著書は『国防』（新潮社）、『軍事を知らずして平和を語るな』（清谷信一氏との共著、KKベストセラーズ）、『日本の戦争と平和』（小川和久氏と共著、ビジネス社）、『真・政治力』（ワニブックスPLUS新書）『政策至上主義』（新潮新書）など多数。

「いいか。日本のことは、この目白で決まるんだ！」

る」と約束していた角栄先生は、最初で最後の「田中派葬」を実施し、田中軍団と呼ばれた派閥議員の方々が、鳥取に駆け付けてくださいました。

葬儀が終わったあと、当時三井銀行で働いていた私は、御礼を伝えるため目白の自宅へ向かいました。

「田中先生、このたびは誠にありがとうございました。父も喜んでいると思います」

すると、角栄先生は私の言葉を遮るように早口でこう言うのです。

「それはいいとして、全部で何人来た」

「2500人から3000人と聞いております」

「そうか。まず、いますぐ名刺を作るんだ。御会葬御礼、三井銀行本町支店営業係、石破茂と書け。選挙の基本はまず、あいさつ回りだ」

突然のことで、何を言われているのか私には分かりませんでした。

「選挙と言いますと……」

「何を言っとる。出るんだ、お前が」

父の後継候補として「地盤を継げ」と言っていることを私は初めて理解しました。しかし、参議院の被選挙権は30歳で与えられると定められています。

「私はいま24歳で……」

次の瞬間、机を叩く「バーン」という雷のような音が目白の邸内に響き渡りました。

「誰が参院と言った！　再来年に衆参同日選挙をやるんだ！　そのときには26だろう。衆院なら問題ない！」

直立不動の状態で立ち尽くす私に、「キングメーカー」と呼ばれた角栄先生はこう言いました。

「いいか。日本のことは、この目白で決まるんだ！」

角栄先生に、半ば強引に政界入りの道筋を付けられた私は、1983年に三井銀行を退職し、田中派の事務局「木曜クラブ」で職員として働くようになりました。1983年の国政選挙は結果的に「衆参同日」とはなりませんでしたが、私は角栄先生の下で政治のイロハを学びながら、その次の衆院選での出馬を目指すことになったのです。

1983年10月12日。ロッキード事件の判決を受けて東京地裁前に集まる人々に手を掲げる田中角栄元首相（写真／産経新聞社）

「新潟か。ウン、まあそれならいい」

本書にも出てくる、私の結婚式での逸話です。

私が「木曜クラブ」の事務局で働き出した1983年の春頃、角栄先生に呼び

出されたことがありました。

「石破君、新潟の土建屋の娘にいいのがいる」

突然の縁談でしたが、当時の私には交際相手がいたのです。

「先生、実は結婚を約束した相手がおりまして……」

すると、にわかに雰囲気がおかしくなりました。

「なんだ、その女は」

「大学時代の同級生です」

「その同級生はいま、どこに勤めているんだ！」

人生のなかで、このときほど追い詰められたことはありません。悪いことに、彼女は大学を卒業後、ロッキード事件で〝裏金〟の経由ルートとされた総合商社「丸紅」に勤務していました。

私は小声で言いました。

「マ、丸紅です」

「何？」

「丸紅です」

すると、角栄先生の顔が魔神のごとく紅潮しました。

「丸紅だと！　ダメだ！」

予想通り、絶望的な展開になりました。しかし、次の質問が私を救ってくれました。

「とんでもない話だ！　どこの生まれなんだその女は！」

私は大きな声で言いました。

「実家は新潟です！」

すると突然、角栄先生が静かになりました。人間、一瞬の間にここまで豹変できるものなのか――私が驚きを隠せずにいると、先生は穏やかな声で言いました。

「新潟か。ウン、まあそれならいい」

1983年9月、私は結婚式を挙げました。父のいない私に「俺が親父代わりだからな」と言って、角栄先生が仲人をつとめてくださいました。ロッキード事件の一審判決を翌月に控えていたこともあり、「角栄被告」の肉声をキャッチしようと大勢のマスコミが集まっていましたが、式は報道陣をシャットアウトして行われました。

結婚式でのスピーチはいまでも忘れられません。

「石破君にこの春、せっかく新潟の土建屋の娘を紹介しようとしたのに、決まった女がいるという！　どこに勤めているんだと聞いたら、何と皆さん！　丸紅だというじゃありませんか！」

会場は静まり返りました。ロッキード裁判は、角栄先生にとって政治生命をかけた闘争でした。渦中の刑事被告人から「丸紅」というワードが出たとき、聴衆は固唾を飲んで次の言葉に耳を傾けました。

角栄先生はグラスを高く掲げてこう言いました。

「だから私はこう言ったのであります！　ウン、丸紅はいい会社だ。私のことがなければ、もっといい会社だ！」

場の緊張は一気に解け、ドッと笑いが起きました。明るさ、ユーモア、そして温かさ。スピーチにかけても天才的な人でした。

「議員になるチャンスは10年に一度しかない」

角栄先生は1985年2月27日、脳梗塞に倒れ、事実上、政治生命を失うこと

「派閥は永遠ではない。田中の力も、いつまであるか分からない……」

になりました。私が最後に角栄先生とお会いしたのはその2週間ほど前のことだったと思います。

真冬の朝、目白の自宅におうかがいすると、先生はウイスキーのグラスを傾けており、その日は私のほかに誰もいませんでした。竹下登先生が「創政会」を旗揚げし、鉄の結束を誇った田中派に分裂の兆しが表れていた時期のことです。

「どうしても田中と一緒にやりたいのであれば、次の選挙には出るな」

当時は中選挙区の時代で、鳥取全県区の定数は4。そこに田中派の候補がすでに1人、「隠れ田中派」と呼ばれた候補も1人いて、新人だった私は田中派議員として出馬しようにも、枠が空いていなかったのです。

「しかし、議員になるチャンスというのは10年に1度しかない。いま出ておかなければ、次にいつチャンスが回ってくるか、分からないぞ」

そして、こんなことも言いました。

「派閥は永遠ではない。田中の力も、いつまであるか分からない……」

私は角栄先生の顔を見ることができませんでした。総理を辞任してからも、「闇将軍」と呼ばれ、隠然たる政治力を保持してきた角栄先生からそんな弱気な言葉を聞いたのは初めてのことでした。

10分から15分ほど話をしたのち、私は目白をあとにしました。そして、それが最後の会話となりました。

1986年の衆院選で、私は中曽根派の「一時預かり」議員という形で出馬し、得票順位4位で何とか当選を果たすことができました。

日本列島改造懇談会で『日本列島改造論』を手に話す田中角栄首相（当時、1972年8月7日、写真／産経新聞社）

角栄先生は出馬を目指す私にこう言いました。

「いいか。親父は鳥取で知られた存在だが、お前はただのアンちゃんだ。そう言われて悔しかったら地元を回れ。歩いた数、握手した数しか票は出ない。それが選挙だ」

先生に教わった通り、私は1年9か月かけて5万軒を訪ねて歩きました。

そして、選挙の得票数は5万6534票でした。選挙後、初当選を直接報告しようと面会を申し入れましたが、すでに会うことはかないませんでした。

日本でしか作れないものを世界に売る！

「いま田中角栄ありせば」——そうした声は近年、よく耳にします。

エリート官僚出身の総理大臣が続いた戦後の日本において、尋常小学校卒業の田中角栄総理が誕生したときの、あの高揚感を知る世代の記憶には、いまでも「今太閤」「角さん」の鮮烈なイメージが残っているのでしょう。

角栄先生は清廉潔白なイメージではなかったし、政権時代にはオイルショックや狂乱物価もあって、政策のすべてが国民的支持を集めていたわけでもありません。しかし、何といってもあの天性の明るさ、人の心をわしづかみにする話術、そして日中国交正常化に代表される、大胆で胸のすくような外交力。これが待望論の源泉になっているのだと思います。

もしいま、天上から角栄先生が地上に舞い降りたら何をするか。何しろ「天才」田中角栄ですから、普通の政治家には想像しがたい部分もありますが、大胆な積極財政に着手するのではないかと私は思います。

もっとも、さしもの先生も1000兆円を超える現在の国債残高には驚かれるかもしれません。優れた財政家であった角栄先生ですから、単なる積極財政ではなく、今後の社会保障のあり方をセットにして、どう経済を成長させていくのかという未来の話をご自分の言葉で語ると思います。

また「地方の発展」についても、その場しのぎの偽物ではない、明確なビジョンを示すでしょう。

1972年の『日本列島改造論』で、角栄先生は「東京の一極集中は日本を滅ぼす」という考えを披露しています。道路を作り、インフラを整備するにしても、当時はまだ日本の経済に成長の余力が残されていたため、新しい政策も財源をセットにして考えることができました。

しかし、人口が減少局面に入った現在の日本では、なかなか「成長と分配の好循環」は実現しません。角栄先生の時代は、日本で作ったものを海外で売る時代でした。ところがいまは海外で作ったものを海外で売

「東京の一極集中は日本を滅ぼす」

っている。その結果、国内の労働者が置き去りになってしまっているのがいまの日本の姿ではないでしょうか。

「成長」と「分配」が両立しにくくなっている状況を角栄先生が見たならば、日本でしか作ることのできない価値あるものを、世界に向けて売るという原点回帰の思想を打ち出すのではないか。私はそう思います。

安倍政権時代から岸田総理に引き継がれている対米従属の姿勢にも、角栄先生は異議を唱えると思います。「アメリカ頼みではない日本」を作ることが、先生の大目標でした。その結果、「虎の尾」を踏んでしまったのか、本当のところは私にも分かりません。しかし、あるべき国家の形を示した角栄先生の姿勢には一貫性がありました。

戦争に従軍した角栄先生だけができた政治

田中政権時代、竹下登官房長官の秘書官をつとめた藤井裕久先生（元財務相、故人）は、生前の角栄先生からよくこんな言葉を聞かされたそうです。

「戦争を知っている人間が日本社会の中核にいるうちはいいが、戦争を知る人間がいなくなったとき、日本は怖いことになる」

角栄先生が危惧した「戦争を知る人のいない」時代は、すでに到来しています。

日中戦争に従軍した経験を持つ角栄先生ですから、自分自身が戦地に赴き、武器を持って戦った経験を持つ田中角栄にしかできない政治というものが確実にあった。私はそう感じています。

もちろん私も戦争を知りません。だからこそ、謙虚に学び、努力しなければならない――そのことも、私は先生から学びました。

戦争の悲惨を知り、恵まれない人、弱い立場の人の苦しみ、悲しみを知る。それはいつの時代も政治家にとっての原点です。角栄先生の教えを受けた最後の弟子として、私は政治家である限り、その「思い」を継いでいきたいと思っています。

貴重写真で蘇る

田中角栄

若かりし頃の田中角栄（撮影日不明、写真：近現代PL/アフロ）

外国で見せた素顔の角さん

ドイツ首相のブラント夫妻に招きを受けてボン近郊のシュロ・ジムニヒでの夕食会に出席した角さんと娘の眞紀子（1973年10月、写真：picture alliance/アフロ）

ロンドンで外国の首脳と。ゴルフはいつも真剣だった角さん（1973年9月、写真：ZUMA Press/アフロ）

フランス・パリにて（1973年9月、写真：Gamma Rapho/アフロ）

自衛隊（警察予備隊）の創立22周年を記念した東京・明治神宮外苑の式典に参加。コートの襟に大輪の菊の花を付けた田中角栄首相（1972年当時、写真：ZUMA Press/アフロ）

第1章

仕事

まず結論を言え

用件は便箋《びんせん》1枚に
大きな字で書け。
初めに結論を言え。
理由は3つまでだ。
この世に3つで
まとめきれない大事なことはない。

田中角栄のニックネームは「分かったの角さん」。長々と話をされるのを嫌ったため、秘書や側近議員は、要点を端的に伝えることを常々心がけていたという。

フルスピードで大量の陳情と政治案件を処理しなければならなかった田中角栄は、人情の政治家であると同時に「合理性」を何より重んじた政治家だった。「大切なこと、物事の本質はいつも平易で短く表現できる」というのが田中角栄の考え方である。

伝説の蔵相就任演説

できることはやる。できないことはやらない。しかし、すべての責任はこのワシが負う。以上！

©山本皓一

1962年、大蔵大臣に就任した角栄が、大蔵官僚を前に語った就任演説は「伝説のスピーチ」として有名だ。

「私が田中角栄だ。尋常小学校高等科卒業である。諸君は日本中の秀才であり、財政金融の専門家ぞろいだ。私は素人だが、トゲの多い門松をたくさんくぐってきて、いささか仕事のコツを知っている」

エリート官僚たちは、肌合いの違う新大臣の言葉に興味を持ち、いつか心酔するようになった。日本が大きく成長を遂げていく時代の「名場面」である。

学問と学歴

必要なのは学歴ではなく
学問だよ。
学歴は過去の栄光。
学問は現在に生きている。

尋常小学校しか出ていない田中角栄には「学歴」がなかった。角栄はそれに劣等感を感じたこともあったが、政治家となってからは逆にその「学歴のなさ」を自らの武器として使うようにもなった。

「学問」とは志を持った人間がいつでも学ぶことのできる「生きるための知恵」だ。人間にとって本当に必要なものは必ずしも高学歴でないということを、角栄は戦後、初めて体現した政治家だった。

手柄と責任

手柄はすべて連中に
与えてやればいい。
ドロは当方がかぶる。
名指しで批判はするな。
叱るときはサシのときにしろ
ほめるときは
大勢の前でほめてやれ。

田中角栄が「官僚」との接し方について残した言葉である。官僚組織をうまく使いこなすには「公平」「指針」「信賞必罰」「配慮」が重要と考えていたことが分かる。

角栄は官僚の名前とプロフィールを頭に叩き込み、誰でも胸襟を開いて偉ぶることもなく、ときには若手官僚にも教えを乞うた。それを「官僚操作術」としてではなく、自然体で実行できたところに角栄の凄さがある。

仕事と文句の関係

仕事をするということは
文句を言われるということだ。
ほめられるために一番
良いのは仕事をしないこと。
しかしそれでは政治家は
つとまらない。批判を恐れずやれ。

©山本皓一

田中角栄の母・フメは角栄が総理大臣に就任してからもよく週刊誌を読んでは心配になり、角栄に電話をかけていたという。

角栄自身は秘書らにこう語っていた。「ばあさん（母）が電話をかけてくるんでこう言っている。オレの悪口が書かれているうちは田中角栄は健全である、あきらめてくれと」

若い議員にもこう説いた。

「大きい仕事を手がける場合に、批判は付きものである。結果的に評価を変える仕事をすれば良い。何もしないことこそ〝悪〟である」

人と「ものさし」

人間はそれぞれ
「ものさし」がある。
相手の「ものさし」に合わせて
十分考えないと失敗するぞ。

越後から上京した若き日の角栄が、工事現場の職人の手配に連日奔走していたときのことである。夜に急ぎの用事で自転車を走らせていた角栄は、交番の巡査に呼び止められ、巡査と長い押し問答のすえに「自分は毎晩この道を通る。以後一度でも無灯火なら厳罰を受けても良いからこんどのところは寛大に」と切り抜けた。

自分は急いでいるが、相手はヒマで「何かないか」と待ち構えている——このとき角栄は、まず「人のものさし」が何かを考えることが人生の要諦《ようてい》であると考えるようになったという。

嘘はすぐバレる

ウソをつくな。すぐバレる。
気の利いたことを言おうとするな。
あとが続かない。
お百姓衆を侮《あなど》って小馬鹿にするな。
シッペ返しをされる。

©山本皓一

田中角栄は、初めて総選挙を手伝う秘書に、よく簡単なアドバイスをした。秘書の早坂茂三はそれを「簡単」「明快」「具体的」の「真理の三要素で構成されたもの」と回想している。

小手先のテクニックで自分を大きく見せることはできない。それが角栄の考えだった。仕事を進めるうえで必要なことは、背伸びをせず、相手を見下さず、誠実に向き合うこと。当たり前のようで実践は難しい、理想とする心構えである。

腹が減っては戦はできぬ

メシ時にはしっかりメシを食え。
シャバにはいいことは少ない。
それを苦にして
メシが食えないようではダメだ。
腹が減っていては、
大事なときに戦はできない。

©山本皓一

田中角栄は、たとえ見知らぬ人に対しても怒ったような調子で必ずこう声をかけた。「オイ、メシを食ったか！」。それは田中角栄という人間の本質を示す言葉ではもあった。

「食う」とは人間の生活そのものであり、角栄の政治とは「生活」のことだった。人々が「食えているかどうか」は角栄の最大の目的であり、関心事でもあった。メシをしっかり食えないようでは仕事もできない。角栄が好んだのは質素な家庭料理だったが、どんなに忙しくとも食事をおろそかにはしなかった。

ゴルフは真剣勝負

ゴルフは道楽じゃなく、
真剣勝負なんだ。
ひたすら歩いて体を責める。
汗を流す。
昨日よりスコアを良くする。
ミスは繰り返さない。

©山本皓一

田中角栄がゴルフを始めたのは自民党幹事長時代、1960年代のことだった。

超ハイペースでラウンドを回る田中角栄に、当時の秘書たちも大変だったようだが、角栄は勝負と数字にこだわり、目標を持って一打一打を大切にしていた。

角栄とゴルフをともにした政治家や関係者は「一国の総理大臣がゴルフに対し、ここまで無心に、無邪気に、そして一生懸命になされるものか」と一様に驚き、角栄の人柄に改めてほれ込むことが多かったという。

警察官たちの敬礼

田中角栄が軽井沢でゴルフをする際はいつも、40人近い長野県警の警察官が、元総理でロッキード事件の被告の「警護」に当たるのが常だった。

ゴルフが終わると、パーティーがある。角栄は秘書の早坂茂三を呼び、人数分の白封筒を渡すと「若い警察官たちを楽にさせてやれ」と配慮を忘れなかった。

翌朝、警官たちは東京へ戻る角栄を敬礼で見送ったという。そのなかには涙ぐんでいるものも少なからずいた。

お前も宴会には顔を出さなくていい。みんな若いんだから羽目を外して楽しませてやれ。宿舎に帰るバスも手配しておくんだ。

©山本皓一

角栄の言葉 11

大きな声で話せ

相手の目を見て大きな声できちんと話せ。キョロキョロして相手の目を見ないのはダメだ。声が小さいのは信用されない。

独特のダミ声で知られた田中角栄はとにかく声が大きかった。人を威圧することはなかったが、それだけで相手を取り込み、仲間にしてしまう「押し出し」が角栄の魅力だった。陳情客で大切な来客があると、秘書に「オイ！　ドアを閉めておけ！」と命じてはいたが、客の声は聞こえなくても角栄の声は外まで丸聞こえ。おかげで側近らは大いに助かったという。

目を見てはっきり、大きな声で話す力。それはいまなお「リーダー」の必要条件と言って差し支えないだろう。

©山本皓一

角栄の言葉 12

大事を任せる人

優れた指導者は人間を好き嫌いしない。能力を見分けて適材適所で配置する。肝心なのは大事を任せられる人を見つけることだ。

「いかに人を動かすか」という意味で、政治と仕事は似ている。人を見出し、人を動かせる人間が優れたリーダーである。

田中角栄は質量ともに日本一のブレーンと人材に恵まれた。角栄はしばしばそれを「総合病院」にたとえ、「ウチはどんな難題でも解決してみせる」と豪語、しかしそれは決して虚言ではなかった。世の中は最終的に「人間」が動かしている。指導者にはいつも「人事力」と「人材発掘力」が求められる。

角栄の言葉 13

数字と事実

大事なのは数字と事実だ。ウソか本当か調べればすぐ分かる。根拠に乏しい屁理屈は、たちどころに化けの皮がはがれる。

田中角栄は「情」の政治家であると同時に、数字やデータといった客観指標を重視した。情報力は政治力である。官僚の作成した予算書を読み込み、数字には具体的な数字で反論する。選挙の際も議席の数や得票数をピタリと言い当てることで有名だった。

10代から労働と経営に携わり、経済の仕組みを体で理解していた田中角栄。その「合理主義」の土台の上に義理と人情の政治が成立した。

©山本皓一

角栄の言葉 14

法律の意味

**法律というのは
実におもしろい生き物だ。
一行、一句、一語が
大切な意味を持っている。
だが肝心なのは
法律が生まれた背後のドラマだ。**

田中角栄の秀でた能力のひとつは、物事の本質がどこにあるかを見抜く力だった。

法律を覚えることも大事だが、なぜその法律が成立したのかを熟知しなければ真の理解には至らない。このことをはっきりと意識している政治家はそう多くはない。

仕事もしかり。何のためにルールがあり、決め事があるのか。その歴史と背景を熟知した人間が初めてルールを使いこなすことができる。

角栄の言葉 15

総理より幹事長

田中角栄は1960年代後半から70年代初頭にかけ、自民党の若き幹事長として選挙を仕切る立場にあった。のちに「金権政治」と批判された現金（選挙資金）の配布を、角栄はこの時代にもっとも多く経験している。

選挙を仕切り、人と金を動かし、野党と交渉する。この「人と金」が激しく行き交う中心地点にいた角栄は水を得た魚のように仕事をした。「権力」と「現場」という2つの魅力を併せ持つポストが幹事長である。角栄が思いを馳せたのも無理はない。

総理なんてのは1回やれば十分だ。血圧と血糖値が上がる商売で身がもたない。しかし幹事長はおもしろい。あれは何回やってもいい。

顔と名前を覚えよ

角栄は人の名前とプロフィールを頭に入れることにかけて、恐ろしいほどの精力を傾けた。万一名前を忘れたら「君、名前は……」と聞く。相手が名乗ると「バカモン、それは知っとる。下のほうの名前だ」と怒ってみせる。これで名前も思い出せるといった調子だ。

夜、枕元には「政官要覧」と各省庁の幹部名簿を置き、じっくりと出身地や出身校、同期のつながりを頭に入れた。「お前のことはよく知っているぞ」。これだけで、評価を感じた官僚は俄然やる気を出した。

役人の顔や人脈ぐらいはよく覚えておけ。5年、10年経っていっぱしの大臣になったとき「君、見たことないな」では話にならない。

©山本皓一

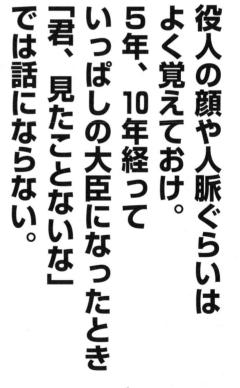

角栄の言葉 17

熟慮の前に断行せよ

企業の社長になったら、できるだけ早く大きな仕事をやるべきだ。「熟慮断行」もヘチマもない。「待てば海路《かいろ》の日和《ひより》」では、とても大きな仕事などできない。

田中角栄は盟友、大平正芳の決断力、実行力を高く評価していた。日本人には「しばらく情勢を見てからやろう」という人が多い。だが、角栄はそれを「バカなことだ」と否定した。

「30年も会社の仕事をやり、経営にも携わってきた者が、やっと社長になってから熟慮断行もヘチマもないじゃないか。辞める間際になって、どえらい計画なんか持ち出したって誰も言うことを聞くわけがない」。政治も同じ。決断のスピードが何より大事である。

角栄の言葉 18

働いてから休め

世の中には働いてから休む人と休んでから働く人がいる。オレが上京するとき、お袋がこう言った。「お前は働いてから休み人になりなさい」

16歳の角栄少年が、郷里の新潟県から出稼ぎに上京したのは1934（昭和9）年のことであった。

「人にお金を貸したらそれは忘れなさい。悪いことをしないと食べていけなくなったら、いつでも帰って来るんだよ」

母・フメはそう言って角栄を送り出した。その後も事あるごとに「でけえことを言うな」と息子を戒めた。母の教えを角栄は最後まで忘れなかった。生涯、休むことなく働き続けた人生である。

角栄の言葉 19

今日と明日

角栄は「走りながら物事を考える」人間だった。立ち止まるよりも、動きながら現実に起きていることにアジャストしていく。それで結果を出し続けてきたのである。

持病であったバセドウ病が、角栄の脳を異常な速さで回転させていたと指摘するのは元秘書の早坂茂三であったが、とにかく「問題を先送りにせず着手する」という実行力は群を抜いており、陳情客たちを大いに感激させた。

©山本皓一

今日は今日でタイムリーにものを片付ける。明日には同じ問題に対して別の方法が見つかるかもしれない。そうなれば政策転換すればいいだけの話だ。

返事を出すこと

人から頼まれ事をされた際に、必ず自分からその結果を伝える。それが信頼関係の第一歩となる。小さな信頼の積み重ねが大きな人脈となり、自分を助けてくれる。それが角栄の変わらぬ日常だった。

期待に応えられないことについて後ろめたさを感じる必要はない。悪評を恐れ、何も返事をしないことが最悪の対応であり、それはどんな仕事の場面でも当てはまる。返事は人間関係の基本である。

必ず返事を出せ。たとえ結果が相手の思い通りでなかったとしても「聞いてくれたんだ」となる。これは大切なことなんだ。

第2章

人生

勤労を知らない不幸

「勤労」ということを知らないで
育った人は不幸だと思います。
本当に勤労をしながら育った人は
人生に対する思いやりもあるし、
人生を素直に見つめる
目もできてくるわけであります。

©山本皓一

1974（昭和49）年、若者向けの広報誌に寄せたメッセージ。「勤労こそもっとも重要な教育」という角栄の持論は自らの体験に根ざしている。その考えを敷衍《ふえん》すれば、人の気持ちを理解するには、自ら体験するよりほかに道はないという田中角栄の実学の思想が読み取れる。

政治家としての田中角栄が最後まで、地元・新潟の庶民に愛された理由も「体験の共有」という財産があったからにほかならない。

二重橋を渡る日

結婚する際、
妻に3つの誓いをさせられた。
「出て行けと言わぬこと」
「足げにしないこと」
「将来、私が二重橋を渡る日が
あったら同伴すること」

田中角栄の妻・はな夫人は戦前、田中角栄が飯田橋に構えた「田中建築事務所」の家主の娘だった。結婚は1942（昭和17）年。再婚だったはな夫人は角栄の8歳年上で、9歳になる連れ子がいた。だが、角栄は控え目な彼女の内面に秘められた芯の強さを見抜き、結婚を決断する。

表舞台に登場することを好まなかった夫人は政治家・田中角栄を陰ながら支え続けた。「二重橋を渡る日——」とはどんなに浮気をしても、正妻として遇することを約束して欲しいという意味である。

やりがいのある苦労

どんなところに嫁に行っても
苦労はするものだ。
大きい家では大きいように。
小さい家では小さいように。
どうせ苦労をするのであれば、
やりがいのある苦労をしなさい。

小沢一郎の妻となる和子は、田中角栄の地元後援会会長の娘であった。政治家の妻となることを躊躇《ちゅうちょ》していた和子は、角栄の言葉で結婚を決めたと言われる。

田中角栄ほど、多くの人間の「道筋を付ける」仕事を果たした政治家はいない。ほとんどの人間が「田中先生がそうおっしゃるのであれば……」と素直に受け入れ、人生の「やりがい」を知った。

学生運動と若者

学生運動を繰り広げる
若者たちがいる。
経験が浅くて視野が狭いが
まじめに祖国の先行きを
考え心配している。
若者はあれでいい。

１９６０年代から70年代にかけ、日本列島には学生運動の嵐が吹き荒れていた。反体制運動に明け暮れる若者たちに対し、自民党の要職にあった角栄は一定の理解を示していた。「女の尻を追いかけ回す連中より信頼できる。社会に出て働き、結婚して所帯を持てば人生が一筋縄でいかないことを知り、物事を判断する重心も低くなる」。人間の本質を見抜く角栄の慧《けい》眼《がん》である。

暗記の必要性

暗記教育は古く、
くだらないという人があるが、
暗記は教育のなかで
一番大切なことのひとつだと
私は信じている。

総理時代、議員や官僚のプロフィールを驚異的な記憶力で頭に入れていた田中角栄。尋常小学校時代の師、草間道之輔が語っていた次の言葉をよく人に説いた。

「人間の脳とは数多いモーターの集まりである。普通の人間はそのなかの10個か15個のモーターを回しておけば生きてゆける。しかしこの脳中のモーターは努力しさえすれば何百個も何千個も働かすことが可能だ。それには勉強し、数多くの暗記をすることである」

「真理」のある場所

世の中は白と黒ばかりではない。
敵と味方ばかりでもない。
その間にある中間地帯、
グレーゾーンが一番広い。
真理は常に「中間」にある。

角栄は自分と対立する人間の考えをよく聞き、ときにはそうした人間に理解と協力を求めることがあった。トップに立つ人間は、常に一番広い「白と黒の中間地帯」に思いをめぐらせる必要があるとの考えからである。

物事は単純な二元論で片付けられない。ひいては、人の心も相反する2つの気持ちが混在している。そのことを忘れてはならないと説いた至言である。

カネの渡し方

人にカネを渡すときは
頭を下げて渡せ。
くれてやると思ったら
それは死にガネだ。

「金権政治」と批判された田中角栄だが、角栄にはカネに関する「美学」があった。
「旅先で相手方が用意した運転手、女中、下足のじいさんにも心付けを忘れるな」
「300万円必要な人がいたら500万円貸してやれ。貸したカネは忘れろ。借りたカネは忘れるな」
言うは易《やす》いが行うとなれば難しいことばかりである。角栄は人間が現金を受け取るときの「後ろめたさ」を信じていた。それは「性善説」の思想である。

葬式には必ず行け

祝い事は遅れてもいい。
ただし葬式には
真っ先に駆け付けろ
本当に人が悲しんでいるときに
寄り添ってやることが大事だ。

田中角栄はどんな政敵の葬儀にも真っ先に駆け付け、涙を流してその死を悼んだ。葬儀から一週間経過したとき、改めて新しい花を届けさせた。「最初の花が枯れる頃だ。遺族にも一番悲しみが募る」

人が悲しんでいるとき、本当に悲しみを共有できるか。本人が喜びを感じたとき、本当に心から祝福できるか。田中角栄は「偽りのない感情」を人に伝えることで、多くの人の記憶に残る政治家になった。

敵を作らない

人の悪口は言わないほうがいい。
言いたければ便所で一人で言え。
自分が悪口を言われたときは
気にするな。

©山本皓一

一国の宰相として人を動かし、自分の目指す政治を実現するために、角栄が重んじていたこと。それは「味方を増やす」ことではなく「敵を作らない」ことだった。

ロッキード事件以降、自身はメディアからあれだけ攻撃を受けていたにもかかわらず、角栄が個人を名指しで批判した言葉はほとんど見付けられない。それは多くの人間の力を借りる仕事を続けてきた角栄の体験的処世術である。

角栄の言葉 30

死は怖くない

©山本皓一

眠ることは死ぬことだ。人間は毎日、死に、生きている。その心境が分かってから、すべてが怖くなくなった。

1983（昭和58）年、ロッキード事件公判中の総選挙中、死生観を語った当時65歳の田中角栄。しかしその2年後、脳梗塞に倒れるまで「キングメーカー」として政界に隠然たる影響力を保持していた。

幸福に生きるという人間の原点の姿を追求し続けた角栄だったが、死について語ったことは少ない。「眠り」を死にたとえたこの言葉は、いつまでも国民のために働き、政治活動を続けるという、「生涯政治家宣言」だったのかもしれない。

角栄の言葉 31

賢者と愚者

1985（昭和60）年2月、田中派議員の会合が東京・赤坂で開かれ、角栄はウイスキーのグラスを手にそう語った。「言いたいことがあれば、遠慮なく来てくれ」。若手議員にそう語りかけた角栄が倒れたのはその翌月のことである。

その後、公式の場で角栄が発言したことはなく、これが政治家・田中角栄の実質的な「最後の言葉」となったのである。

田中角栄は話を聞かない、と若い連中は言う。賢者は聞き、愚者は語る。もっと若い連中の話を聞こう。

©山本皓一

角栄の言葉 32

飛び跳ねる鯉

鯉は飛び跳ねても良いが、また池に落ちるとは限らんよ。ワシが通りかかれば池に戻してやるが誰も来なかったら日干しになるだけだ。

1982（昭和57）年、総裁選出馬を検討していた中川一郎に対し、角栄はゴルフをしながら自重を促した。しかし中川は強行出馬し敗退。その半年後、謎の自殺を遂げるのである。

角栄は「物事の順序」を重視し、実力を付けながらじっくりと前に進む必要性を語っている。「富士山の頂上を極めるには吉田口、御殿場口のいずれかから第一歩を踏み出し、三合目、五合目、七合目をきちんと登っていくことだ」。中川に説いたのは「待つ勇気」である。

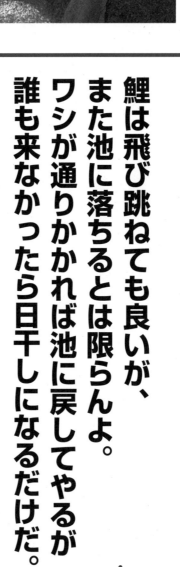

角栄の言葉 33

義理と人情

この言葉は、角栄が総理就任時に制作された「人間　田中角栄」という非売品のレコードに収められたもので、現代史研究家の保坂正康が発掘し紹介したものである。

角栄はそのレコードのなかでこうも語っている。

「すべての複数以上の人間の社会で、信はすべてのもとである。信は万事のもととなる。和をもって貴しとなす。聖徳憲法のなかの二つの山だと思うんですよ。これは千年も二千年も経っても、やっぱり普遍の真理じゃないのかな」

©山本皓一

義理とか人情というような言葉が非常に古いものであり、反現代的なものであるというようなことを考えること自体がおかしいと思う。

角栄の言葉 34

恩は遠くから返せ

自分が苦しいとき、困ったときに助けてくれる人ほどありがたい存在はいない。その恩を忘れてはならないが、「借りたものを返すぞ」とばかりの態度を取れば、相手は困惑するだけだ。

人は、ソロバン勘定で物事を考える人間から離れて行く。恩を忘れないことも大切だが、その「返し方」こそ、人間関係を円滑にする重要なポイントであると角栄は考えていた。

人から受けた恩を忘れてはならない。必ず恩返しをしろ。ただ、これみよがしに「お礼に参上した」とやってはいけない。相手が困ったとき、遠くから、慎み深く返してやるんだ。

角栄の言葉 35

男と女

男は飲ませて握らせればすぐ転ぶ。女は一度これと決めれば動かない。候補者の周りに女が群がれば間違いなく勝つ。

数々の選挙を経験してきた秘書の早坂茂三に角栄が語っていた言葉である。「東大卒も田舎の婆さんも同じ一票だ」——角栄はしばしば、そのように選挙の本質を語っていた。はな夫人、そして神楽坂の花柳界に生きた辻和子、側近として生涯仕えた佐藤昭。田中角栄ほど「女の忠誠心」に囲まれて生きた政治家はいないが、人間性を見極めるのに敏感な女性層からの高い人気は、生涯衰えることはなかった。

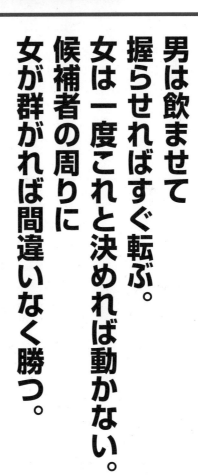

©山本皓一

角栄の言葉 36

先生の月給

東大の教授は勲一等で、義務教育の先生たちが勲七等、勲八等というのは本来、逆ではないか。子どもは小さな猛獣だ。できれば先生方の月給を倍にしたい。

教育・国防・外交に金を惜しむべきではないという角栄の考えは終始一貫していた。田中内閣時代、義務教育の教師の待遇は大幅にアップし、優秀な人材が教職員に流れるようになった。

エリート教育とは無縁の人生を歩んだ田中角栄にとって、日本の子どもたちに十分な教育を受けさせることは悲願だった。その後、日本の教育水準は著しく向上し、日本人全体の財産となっている。

「イヨッ」のポーズ

田中角栄の「お決まりの写真」と言えば、あの右手を挙げた「イヨッ」のポーズ。機嫌が良いときも、拘置所から出るときも、必ずと言っていいほど同じ動作でカメラマンにシャッターチャンスを与えていた。

側近らは「金権報道をするマスコミにわざわざ手を挙げる必要はないのでは」と疑問を呈したが、角栄はあえて「敵」の心情を忖度《そんたく》する余裕を見せた。苦しいときこそ、その人物の「本当のスケール」が試される。角栄の胆力がよく分かるエピソードだ。

カメラの連中だって好きこのんで来てるんじゃない。オレの写真が撮れないのでは連中も商売にならんだろう。手を挙げてもいいじゃないか。

成長の正体

「今太閤」と呼ばれ、権力の栄華を極めたかに見える角栄だが、その人生は苦労と挫折の連続だった。

寒村での生活、吃音《きつおん》、落選、逮捕、長男の死……。文字通り人生の修羅場を経験し、社会に揉まれて政界へ進出した。角栄が語る「失敗の効能」は、エスタブリッシュメントの官僚、世襲議員が決して語り得ない説得力を持っていた。

角栄は他人の「失敗」に本質的には寛容であり、またそれを克服しようとする姿を好んだ。清濁併せ呑む人間の強みである。

失敗はイヤというほどしたほうがいい。そうするとバカでないかぎり、骨身に沁みる。判断力、分別ができてくる。これが成長の正体だ。

©山本皓一

角栄の言葉 39

人間と接する

一番大切なのは、何より人との接し方だ。それは戦略や戦術とは違う。人間は年に関係なく、男でも女でも好きな人は好きなんだ。

「人から好かれる人間」というのはもっとも政治家向きだ。本妻のほかに、何人もの女性と「家庭」を築くなど艶福家として知られた田中角栄であったが、その角栄を悪く言う女性は皆無だった。

脳梗塞に倒れ、病院に入院した田中角栄のもとには何十人もの女性から差し入れやお守りの類いが届けられたという。田中事務所のスタッフが何十年という間、ほとんど離脱することなく主人に忠誠を誓ったことからも、角栄の人心掌握力がうかがい知れるだろう。

角栄の言葉 40

子孫と財産

子孫に財産などを残す必要なない。子どもには教育、学問だけをミッチリ仕込めばいい。親が残した必要以上の財産はだいたい子どもをダメにする。

自分で努力して財をなすのは良いが、子どもに残す必要はない。人間にとって大切なのは額に汗して働く勤労の精神であって、その機会を奪いかねない「美田《びでん》の遺産」は税務署を喜ばせるだけだ。

田中角栄が残した目白の広大な敷地も、相続時にはかなりの部分が物納され、田中家にも眞紀子夫妻の地盤を引き継ぐ後継者はいない。だが、自主独立の精神を唱えた角栄は、草葉の陰でそれを悲しんでいないだろう。

第3章 生きる

人生の「間」

人生で重要なのは「間」だ。
イノシシのように
一本調子なのはうまくいかない。
よく人間を観察
しなければならない。

©山本皓一

一流の落語家には必ずリズムと抑揚があるように、人にリラックスして話を聞いてもらうためには、間《ま》を考えないとうまくいかない。

　その間を作るためには、それなりの人生経験が必要になる。大衆の興味や関心、目線の高さを的確に読み取り、何をどう話せば良いのかを臨機応変に語り口を変えていかなければならない。それは話し方のみならず「生き方」にも通じることである。

臭い飯

臭い飯というのは
刑務所暮らしの飯じゃない。
牛や馬の糞尿の臭いが
漂うなかでオレたちのような
百姓が食う飯のことだ。

人間の生い立ちは、物事の考え方、人生観に大きな影響を与える。田中角栄の闘争心、人情、向上心、金銭感覚はみな、人格形成期に過ごした雪国の重苦しい体験に基づいている。

「臭い飯」の本当の意味を語った宰相は、日本の憲政史において田中角栄ただひとりである。そこに、いまなお角栄を語り続ける「意味」が隠されていると言えるだろう。

子どもは3人

子どもを作るなら3人がいい。
ひとりでもふたりでも、
親のひざを独占できる。
しかし3人になれば
競争が始まる。

人間社会の「生存競争」を泳ぎ切った田中角栄は、競争社会を経験することが、人間を知り、世の中を知る「通過儀礼」であると考えていた。

子だくさんだった戦中、戦後の時代を経て、少子化の時代に突入した日本からは、親の愛情を子どもが奪い合うというシーンが消えた。しかし、生きるための「反射神経」を養うことが、のちに強い自我となって自分を助けるのだと角栄は信じていた。

若き血の叫び

新潟の雪を
なくすためにどうするか。
三国峠の山を削って平らにする。
土は海に埋めて佐渡と
陸続きにすればいいッ！

1946（昭和21）年、初めて衆議院に立候補した田中角栄の「演説」はあまりに大胆なものだった。キャッチフレーズは「若き血の叫び」。村の子どもたちは「また〝若き血の叫び〟が来たよッ」と喜んだという。

通常の発想ではあり得ない斬新な主張は、のちの角栄政治のエッセンスが詰まったものだった。この選挙では落選した角栄だったが、翌1947（昭和22）年、新憲法下で初となる総選挙では見事に初当選を飾っている。

母の寝顔

子どもの頃、オレはお袋の
寝顔を見たことがなかった。
夏は朝5時、冬は朝6時に
起きたけれども母親は
もう働いていた。
だからオレは
早寝早起きなのかもな。

©山本皓一

田中角栄は優れたストーリー・テラーだった。エピソードのひとつひとつが斬新で人の心を打つものだったが、それは角栄にとって淡々とした事実の告白に過ぎなかったと思われる。

角栄の母・フメは、総理大臣に就任した息子がブラウン管の向こうで汗をかいているのを見て、テレビ画面をハンカチで拭いた。それを見た支援者からは小さなすすり泣きが漏れたという。

高学歴社会

昔は「駕籠《かご》に乗る人、担ぐ人、
そのまたワラジを作る人」と
言われた
いまはクルマに乗る人も、
運転する人も、作る人も
ほとんど大学卒だ。

戦前にわずか5%程度だった大学進学率が、1982(昭和57)年には30%以上(男性)にまで伸長した。角栄はそれを「隔世の感がある」と評価したうえで、「将校ばかり作る教育制度」に懸念を表明している。「大学に行くのはレッテルをもらうためというのでは困る。入りたい者はどんどん入れて、その代わり進級試験を厳しく行い、卒業するには国家試験に合格して、初めて大卒者の資格をもらえる」――角栄はそんな制度の検討を提唱していた。

劣性遺伝

いくら死にたくなくても、
人間は必ず灰になる。
ところが人間でも植物でも、
生物は劣性遺伝なんだ。
働かない、勉強しない奴は
親よりバカになる。

「馬喰《ばくろう》のせがれ」だった角栄には、人間の広い意味で「動物の一員」であるという考え方を持っていた。人間だけがほかの動物と異なるわけではなく、同じように大きな秩序に支配されているというわけである。

「何もしないで過保護にしておいて、放り出しておけば子どもはろくなものにならない」。だからこそ、人間は働き、勉強する必要がある。オリジナル性に満ちた角栄の人生論である。

功名心について

人間誰しも、若いときはみんな偉くなりたいと思うものだ。しかし、そう簡単じゃない。経験も、知識も、素養もなくてしゃべってばかりいるのは誰も相手をしなくなる。

©山本皓一

田中角栄は決して「偉ぶる」ことをしなかった人間だったが、功名心と上昇志向だけが先行する人間をすぐに見抜いた。

「ひとかどの作家になるためには、地獄の底までのぞいて、人の世の裏、表、人間のすばらしさとおぞましさを見なければ後世に残るものは書けない」。人間の深奥は善悪を超えたところに存在するものであり、偏狭な正義を振りかざす人間に対してははっきりと「ノー」を突き付けたのが角栄だった。

「極楽トンボ」のお礼

あれのオヤジは
新潟の副知事だったが
息子は雪国の怖さを知らない
極楽トンボ。
風邪をひくから靴下、
長靴、手袋を差し入れてやれ。

1983（昭和58）年12月の衆議院で、ロッキード批判に乗り角栄と同じ新潟3区から立候補した作家・野坂昭如。だが冬場の選挙、慣れない雪道に立ち往生を繰り返す失態を演じていた。

それを見た角栄は選挙期間中にもかかわらず、秘書に「陣中見舞い」の衣類を敵陣に届けさせた。野坂は呆然とした表情を浮かべたという。選挙に惨敗した野坂は、秘書にお礼の電話をかけた。「ありがとうございました。もう選挙には出ません」――。

運と努力

田中角栄は総理大臣という職責について問われたとき「一国の宰相にはなろうと思ってもなれるものじゃない。天が命じなければなることはできないんだ」と常々語っている。

本質的には、人間の万能性を否定する運命論者でありながら、その「運をつかむ」ための自助努力を欠かさない。それは大きな仕事を成し遂げた偉人たちに共通する姿勢とも言える。運をつかまえた政治家人生である。

人の一生はやはり運だと思う。実力があってもダメなものはダメ。努力と根気、勉強、こういったものが運をとらえるきっかけになる。

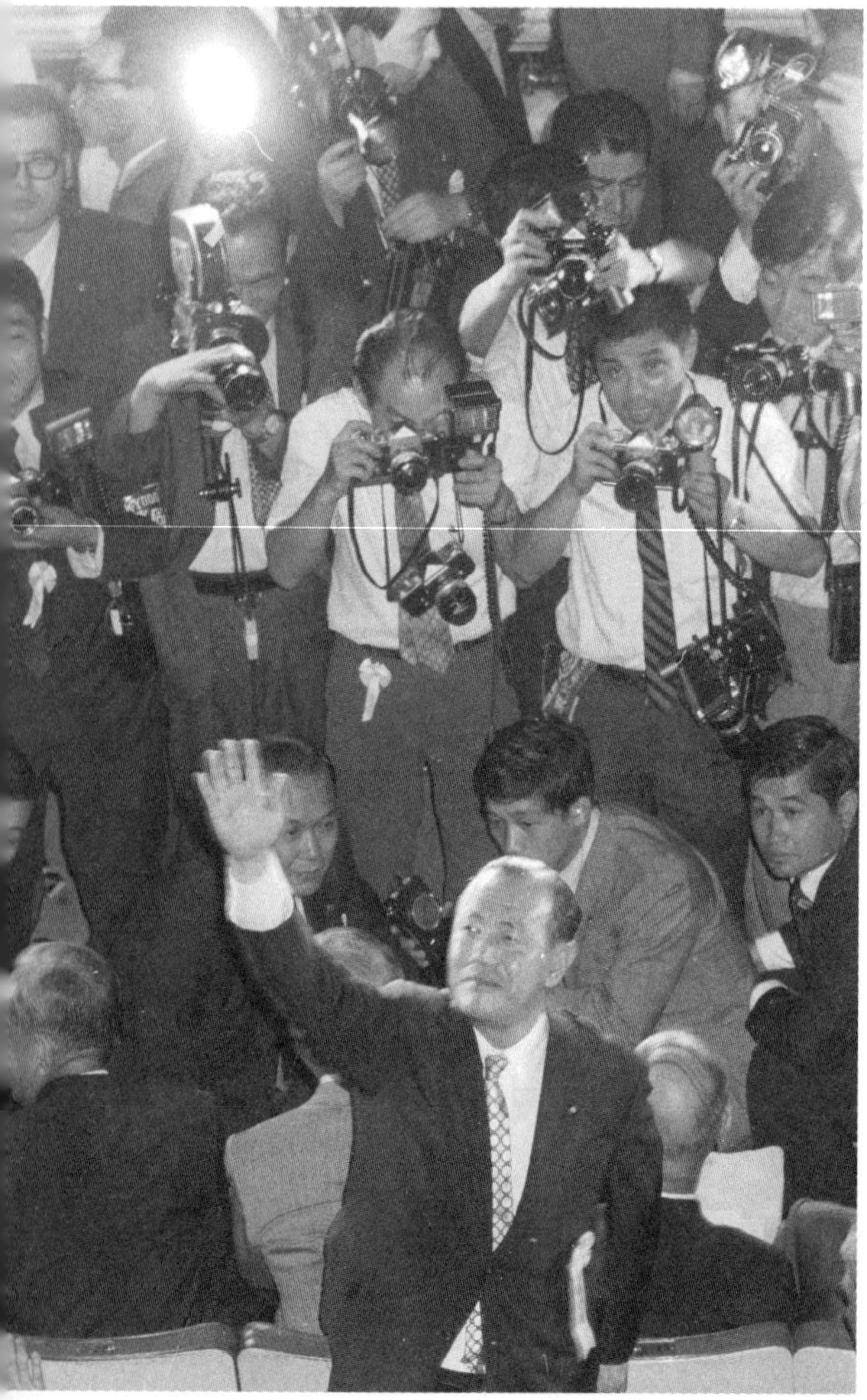

角栄の言葉 51

かわいがられる順番

吉田茂さんは佐藤栄作より池田勇人さんのほうをかわいがっていた。人は自分より美男子ではない、頭の悪いのがかわいい。

戦後の名宰相・吉田茂がかわいがったのは、佐藤栄作よりも池田勇人だった。それを角栄流に解釈すると、人間の潜在的な深層心理がクローズアップされる。

佐藤を池田はどちらもエリート官僚であったが、東京帝国大学出身で美男子として知られた佐藤より、京都帝国大学出身で地味な顔立ちの池田のほうが、吉田の覚えがめでたい……本当にそうであったか別として、人間の「本音」の存在を比喩的に言い表した秀逸なたとえ話である。

角栄の言葉 52

おじぎの作法

お前は今日からおじぎをされる側ではなく、おじぎをする側に来た。お前は図体もでかいし態度もでかい。さっきの会釈では話にならん。角栄はいつからあのバカを雇ったんだとなる。

長年角栄の秘書をつとめた早坂茂三は、『東京タイムズ』の政治部記者から角栄の懐に飛び込んだ。角栄がまず早坂に命じたのは「おじぎ」だった。

早坂の「おじぎ」を見た角栄は「それは会釈だ!」と一喝。自ら立ち上がると腰を直角に折り曲げ、数秒間その姿勢を保ったという。秘書官になった初日に「おじぎ」を教えられた早坂は、政治家・田中角栄に心底傾倒し、〝オヤジ〟が脳梗塞で倒れるまで支え続けた。

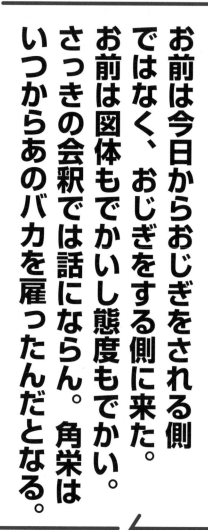

角栄の言葉 53

丸紅の女

石破君にはもう決まった女性がいるという。誰だと聞いたら丸紅の女性だと。何ッ！　丸紅？　しかし丸紅はいい会社だ。ウン、私のことがなければもっといい会社だ。

ロッキード事件の被告となった田中角栄は1983（昭和58）年、自民党で要職をつとめてきた石破茂の結婚披露宴でこんなスピーチをし、会場を大いに沸かせた。

早くに父を亡くした石破茂の父親代わりを買って出た角栄。ロッキードで因縁の深い丸紅の女性と聞いても、それをネタにする機転の利いたスピーチはさすがとしか言いようがない。

「田中学校最後の弟子」を自任する石破は、もはや政界でも少なくなった角栄の語り部のひとりである。

©山本皓一

角栄の言葉 54

去る人と去らない人

ロッキードで多くの人間が去って行った。世の中そんなもんだ。でも残ってくれた人たちもいた。地元の無名の支援者だ。日頃、何も言わない人たちが残ってくれた。私の宝だ。

「金権政治」バッシングが吹き荒れ、「ロッキード事件」が弾けたとき、ほぼすべてのメディアが角栄を非難し、選挙に落選することを恐れた多くの議員たちが「オヤジ」から距離を取った。

しかし、新潟の名もなき農家の人々は角栄を最後まで見捨てなかった。

「お体に気を付けて」その一言だけを残し、選挙では「角栄」と書いた。田中眞紀子出馬のために1993（平成5）年、地元入りした角栄は見覚えのある支援者たちの出迎えを見たとき、顔をゆがめて嗚咽した。

角栄の言葉 55

いなり鮨とブリ大根

毎年正月になると、目白の田中角栄邸は年賀の挨拶の客でごった返し、上空には報道のヘリコプターが飛んだ。角栄は客に出す料理を「いなり鮨」「ブリ大根」と指定。これが本当に大人気だった。

「食事をし、酒を飲んだあとはしっとりしたいなり鮨がうまい。都会の奥さんはブリ大根など作らないが、亭主は食べたがっている」

人々の味覚までを把握した角栄ならではの逸話である。

生鮨《なまずし》なんてのはダメだ。きれいなだけで誰も食わない。それよりいなり鮨を出せ。それからブリと大根の煮たやつだ。あれはみんな食べるはずだ。

©山本皓一

会えば分かる

田中角栄は、ある立場の議員たちから「会ってはいけない政治家」と言われた。角栄を説得するのは不可能で、逆に取り込まれてしまう。盟友の大平正芳でさえ「田中に会うと奴の言う通りになる。会わないで話を決めないといかん」とぼやいたほどだ。

信頼して腹を割って話せば、田中角栄を必ず理解してもらえる。「私が乱暴至極というだけの人間というのは間違いだ。知らないまま毛嫌いすることは互いに自戒すべきことである」と角栄は語っていた。

直接接してもらえれば、田中がどういう人間か必ず分かってもらえる。ところがそうしない人もいるんだな。正面からちゃんと接してもらえれば分かるのに。

角栄の言葉 57

バカな「子どもの主張」

**この頃の子どものなかには
親に向かって
「頼んで産んでもらった
わけじゃない」などと
バカなことを言う者までいる。**

学生がゲバ棒を持って運動に明け暮れていた時代、日本の家庭関係は急速に変容したと言われる。田中角栄は正しい親子関係についてこう語っている。

「子どもを育てて一人前にして世の中へ出すためには、小さいときから善悪のものさしを示してみせ、やっていいことといけないことのけじめを付けさせなければならない。公益は私益に優先するのかしないのか。憲法は私益に優先するのか。こうした一番の基本が欠けている」

角栄の言葉 58

刻むが如き人生

齢《よわい》50になった。平均年齢70歳まで生きるとするなら、あと7300日。刻むが如き人生だ。その限られた時間のなかで私は任を果たす

１９６８（昭和43）年、自民党幹事長に復帰した際、自分の「残り時間」を計算してみせた田中角栄。スタッフに対し「やり足りないで時間を費やした責任は問う。時間を有効に使うために、やり過ごした失敗は私が負う」と語った。

その後総理大臣として「天下」を取った田中角栄は「金脈」報道とロッキード事件で「闇将軍」となる。竹下登の「創政会」設立に激怒しつつ、１９８５（昭和60）年、病に倒れた。67歳のことだった。

角栄の言葉 59

オレには何もない

ロッキード事件で逮捕・起訴される前の田中角栄に、田中派長老の西村栄一は「カネの問題には注意したほうがいい。派手にやると目を付けられる」と忠告したことがあったという。

それに対し、角栄は元高級官僚の西村に「オレには学歴も人脈もない。カネだけが武器なんだ」という趣旨の嘆きを返したものだった。

けた外れの集金力とそのバラマキは、田中角栄の心の奥底に流れる打ち消しがたいコンプレックスの表れでもあったことを、改めて感じさせる。

あなたには学歴もあるし高級官僚だった時代の人脈もある。しかしオレには何もない。この道しかなかったんだ。

©山本皓一

下駄の雪

角栄は酒を飲むとしばしば「下駄の雪」を口ずさんだ。雪深い新潟の人々にとって「下駄の雪」は我慢の象徴だ。

悪口を言われる。馬鹿にされる。しかしそれは人間社会では当たり前の光景であり、いちいち怒ってみるのもバカらしいことである。

「腹の中では煮えくり返ることもある。しかし自分が権力闘争の先頭に立つわけにはいかんでしょう。我慢することが大切」

角栄はそう語っている。

人は馬鹿にされていろ、だ。踏まれても、踏まれても、ついて行きます下駄の雪。

©山本皓一

角栄の言葉 61

怒って「また会おう」

若い奴に対しネチネチとやるのは大嫌いだな。叱ったとしても、次の人に会ったときにはもう忘れている。君には負ける、また会おうですよ。

すぐに怒るがすぐに忘れる人と、一度怒ったら決して忘れない人。どちらもいるタイプだが、角栄の場合は典型的な前者である。

遅くとも次に会ったとき、早ければ怒った1時間後にはケンカの相手に「悪かったな。また会おう。飲もう」と必ず自分から持ちかけ、むしろ関係を深めてしまう〝特技〟があった。好き嫌いで政治をしない角栄の明るくカラッとした性格にほれ込んだ政治家は数知れない。

©山本皓一

角栄の言葉 62

B型で陽性

ぼくは〝一白《いっぱく》の午《うま》〟で血液型はB型。医学的に言うと陽性で、楽観主義で、屈託がないタイプです。でもそれはあくまで一面に過ぎないよ。

「一白の午」とは九星気学の「一白」と午年の組み合わせだが、B型というのは何となくイメージにマッチする。

角栄はよく「自分の性格とマスコミに作られた田中角栄像というものは非常に違っている」と漏らしていたが、角栄ほどのスケールの人間を簡単に理解することはできない。大胆にして小心、高貴にして野卑、律儀にして無頼、無欲にして執心……その振れ幅の大きさこそが角栄の魅力であったのだろう。

角さんの「直紀賞」

1983（昭和58）年の衆院選前、角栄は派閥議員の渡部恒三をわざわざ呼び出し、いきなり頭を下げた。田中直紀の地盤は渡部と同じ福島。〝オヤジ〟の思わぬ行動に渡部は直立不動でこう答えたという。

「及ばずながら物心両面にわたって全面的に私が引き受けさせていただきます。必ず当選させますのでどうかご安心をください」

直紀は選挙で初当選。渡部は「直紀賞」で厚生大臣に起用された。

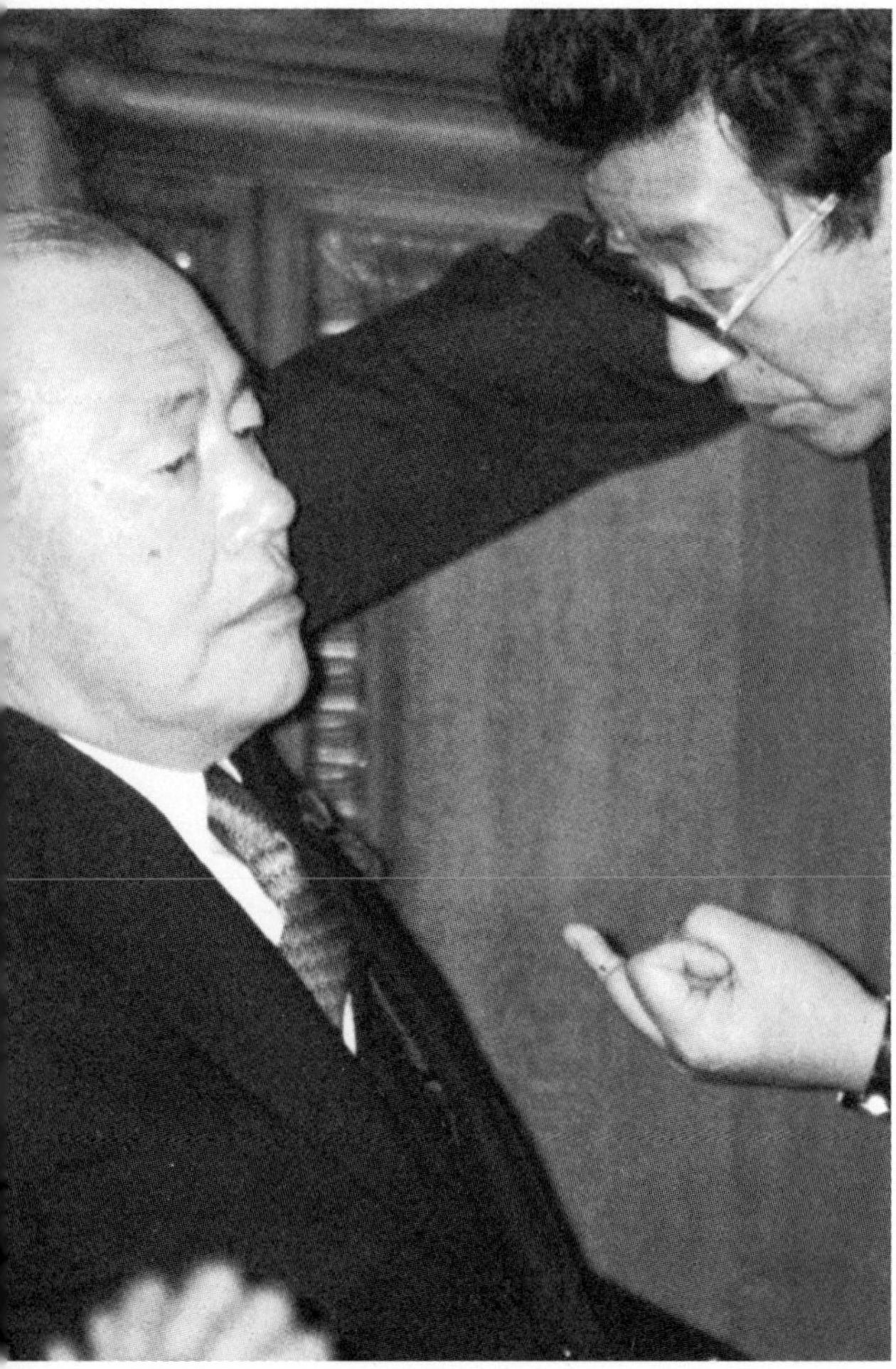

渡部、今日はオレが頭を下げなきゃならん。直紀をどうしても当選させたい。そうしないと眞紀子が孫に合わせてくれないんだ。

地球の彫刻家

少年時代、土方の仕事を「地球の彫刻家」と形容され、胸に希望が走ったと角栄は回想している。労働とは辛いものではなく、楽しい、素晴らしいものだという「原点」はこの時代に築き上げられた。

当時、近所の材木店の娘が、真っ黒になって働く角栄に会いに来たとき、角栄はこう言った。

「みんなが一生懸命働いているとき、ぶらぶらと遊びに来るのは良くない」

少年時代、新潟で現場の仕事をしていたとき、あるじいさんがこんな話をした。「土方は一番でかい芸術家だ。パナマ運河で太平洋と大西洋をつなぐのも土方。土方は地球の彫刻家だ」

角栄の言葉 65

30％の力

原稿を書くときは30％の力だ。90％の力を出す能力はない。昔の名人が、木の看板に向かって一気に字を書いた。下のほうが残ったので木を切ったらしい。私もそれ式だ。

『日本経済新聞』に連載された田中角栄の自伝『私の履歴書』は、当初こそ秘書の早坂茂三が口述をまとめていたものの、途中から角栄本人が原稿を書くスタイルになったという。早坂によれば、その原稿を評論家・小林秀雄が高く評価していたという。

角栄はスピーチ同様、平易な言葉で端的に自分の考えを伝えていた。「政治家にならなければ小説家になっていた」とも語っている。

©山本皓一

角栄の言葉 66

和ヲ以テ貴シト為ス

ぼくは日曜日に20枚くらい揮毫《きごう》するんですが、選挙民に喜ばれるのはやっぱり「和ヲ以テ貴シト為ス」なんです。

目白にやって来る膨大な人数の陳情客や、面会を求める人々にとって、カリスマ総理・田中角栄の「揮毫」は何よりのお宝だった。

角栄は政界一の達筆な揮毫で知られ〈越山田中角栄〉のサインは特に地元の新潟3区の住人に好まれたという。

角栄はまた「末ついに　海となるべき山水も　しばし木の葉の下くぐるなり」とよく書いた。「苦しくとも努力を続けていれば、いつか夢がかなう日がやって来る」という意味である。

角栄の言葉 67

拘置所の生活

ロッキード事件で逮捕・起訴され、小菅の東京拘置所に入った元首相。ちなみに角栄は1948(昭和23)年にも「炭鉱国管事件」で逮捕されたことがあり、国会議員としては異例の「拘置所通」だ。

角栄自身は2億円の保釈金を払ってすぐに保釈され、その後逮捕された橋本登美三郎の夫人から電話を受けた。角栄は、自分の妻・はなが橋本夫人を励ますために生花を送っていたことを知った。

「拘置所では花より食い物」とはいかにも角栄らしい言葉である。

何、花束だと。小菅のことはオレが一番よく知っている。花などあそこでは役に立たない。これから食い物を送ります。

おじいちゃんの応援団

角栄の「孫愛」は有名で、本宅のみならず、あちこちの「孫」に会うために夜の会合を切り上げる時間がずいぶん早まったという。

ロッキード事件の批判報道に神経を尖らせていた角栄にとって、邪気のない孫との時間は何ものにも代えがたい幸せだったのであろう。だが、角栄の孫たちは結果的にみな政界入りを拒否し、地盤を継ぐ者はいなかった。

カネや太鼓をたたいて家まで押しかけられたとき、一番ちっちゃい孫が「おじいちゃん、あれ何なの」と聞くから、「おじいちゃんの応援団だ」なんて答えていた。

©山本皓一

角栄の言葉 69

四人の女

四人の女を相手にするときは、一人にカネをやり、一人にハンドバッグをやり、一人に着物を買って、残りの一人をぶん殴れば済んだが……。

角栄はよくゴルフ場である「軽井沢」でオフレコの放言し、ストレスを発散させていた。以前は報道されなかったそれらの発言も、総理大臣になるとしばしば報道され、物議を醸すことが出てくる。

「四人の女」は１９７３（昭和48）年、やはり軽井沢での発言。野党を女性になぞられた軽口だったが、国会で大きな問題に発展した。この翌年、月刊誌『文藝春秋』が「金脈と人脈」報道を世に放つ。

角栄の言葉 70

手荒な医者

私は荒っぽい医者ですよ。足を切断しなくちゃいけない人に「今日、お切りなさい」とキッパリ言う。半端な治療をして足を腐らせてしまうようなことはしない。

自身を外科医にたとえて語った田中角栄。「私はときに人殺しもしますから」と宣言してみせた。どんな非情な話であっても、それを怖れずズバリと言うことが最良の結果につながるという信念を物語っている。「残酷な事実」より「甘美なウソ」のほうが、結局は人間をよほど苦しめる。角栄の明快なスタンスは、多くの関係者に評価された。

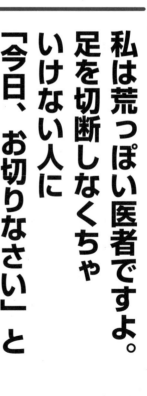

第4章

政治

雪との戦い

雪というのはロマンじゃない
生活との戦いなんだ。
地方分散、一極集中の排除
というのは雪との戦いなんだよ。

©山本皓一

『日本列島改造論』で国土開発への思いを語った田中角栄の政治の「原点」は、雪深い故郷・新潟県で過ごした少年時代の体験だった。

雪国に住む人々の生活を向上させ、都市生活者との格差を解消したい――その一貫した思いは「なぜ政治を志したのか」という答えに直結する。

田中角栄は「志」がはっきり見える政治家だった。それが大衆の心をいつまでもつかんで離さない理由である。

橋をかける

川の上流と下流、
両方の選挙民が橋を
かけて欲しいと陳情している。
田中角栄はまず大急ぎで
片方に橋をかける。
最初は片方に嫌われるが、
もう一方にも必ず橋をかける。
言ったことは実行するんだ。

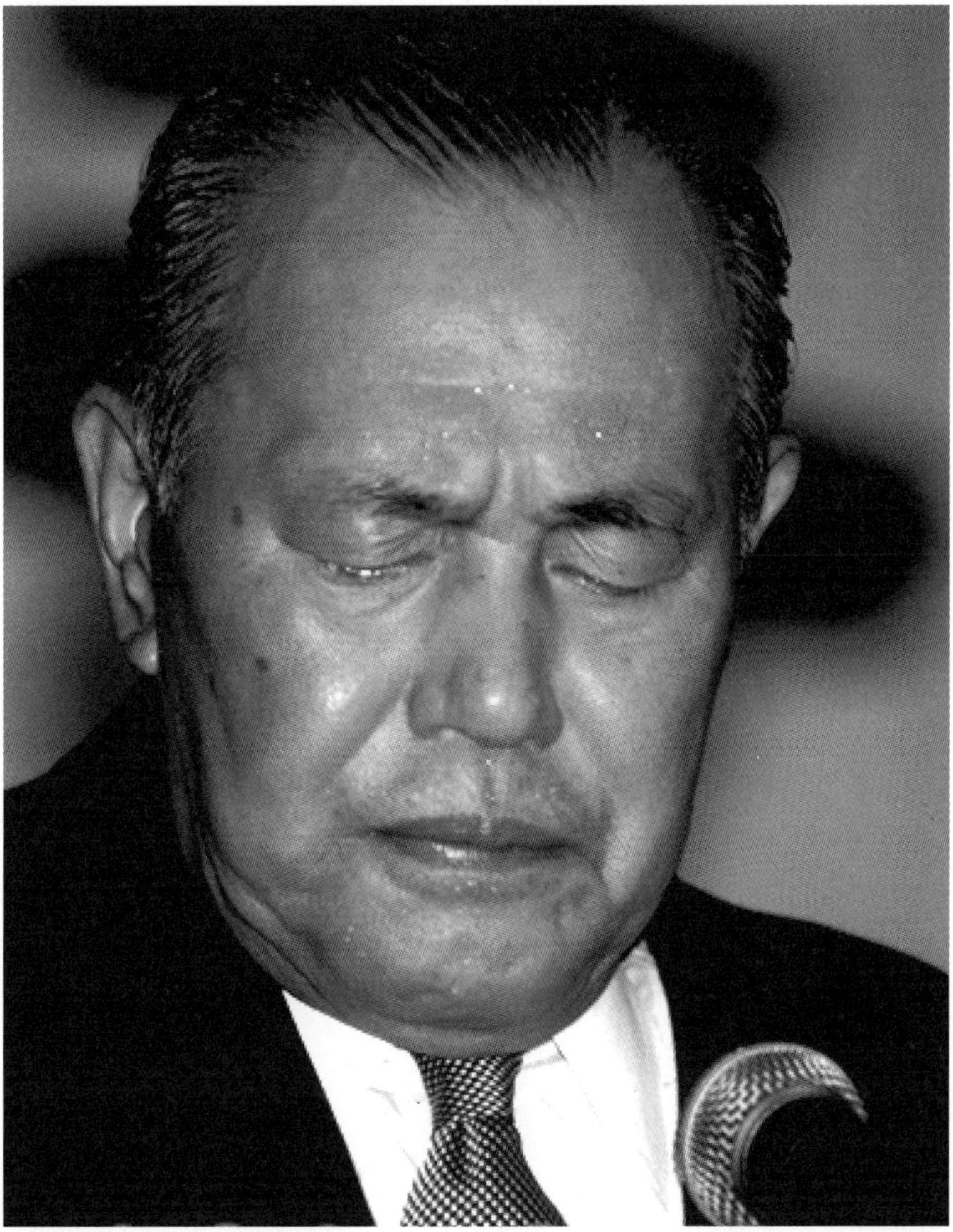

©山本皓一

川の上流と下流、どちらに橋をかけたらいいか。ある政治家は両方に「かけます」と言って結局どちらにもかけない。もうひとりは片方だけに橋をかける。

どちらが正しいか。

「選挙で受かるのは橋をかけないほうだが、しかしどちらも間違っている」

明快な態度を示せば、最後には分かってくれる。

角栄の答えは「どちらにもかける」だった。

雄弁とは何か

本当の雄弁は
相手の心をとらえる。
聞く人が「今日は良かったな」と
思う話をする。
それが本当の雄弁というものだ。

優れた政治のリーダーは、必ずと言っていいほど聴衆の心をつかむ演説術を持っている。角栄は「聴衆が退屈するスピーチ」をもっとも嫌う。天性のエンターテイナーだった。

若き日、地元のドブ板選挙でミカン箱の上に立った角栄は、わずか10人ほどの聴衆の前でこう叫んだという。

「みなさん！　秘書が10分の予定時間を過ぎたと言っております。しかし、こんなところで話を打ち切れますか！」

角栄の真骨頂である。

政治家と役人

方針を示すのが政治家の仕事だ。
役人は生きたコンピューターだ。
方針を示せない政治家は
役人以下だ。

©山本皓一

田中角栄の「官僚操縦術」はいまなお霞が関の「伝説」となっている。政治家と官僚が対立するのではなく、同じ志を持って国を良き方向へ導くために、政治家はうまく官僚を働かせなければならない。

そこで必要なのは「方針」だ。はっきりとした考えと進むべき道を示せば、優秀な官僚は働いてくれる。学歴のなかった田中角栄が日本有数のエリートに対しカリスマ性を持ち得た理由がここにあった。

選挙の神様

戸別訪問3万軒、
辻説法5万回、これをやれ。
やり終えたら改めて
オレのところに来い。

ロッキード事件の被告となっても、いざ選挙となれば圧倒的な集票力を見せ付け当選を続けた田中角栄。「選挙に出馬したい」という新人の立候希望者が事務所にやって来ると、角栄は必ずこの言葉をかけたという。

愚直に基本を繰り返すことでしか当選への道はない。「汗を流して人様の心を頂戴しろ」――それが角栄の選挙論であり、この考えはのちの「田中軍団」の力の源泉となった。

代理のきかない仕事

いいか、政治家は
代理のきかない商売なんだ。
客と会うのが醍醐味じゃないか。
それが億劫《おっくう》になったら
政治家を辞める。

©山本皓一

角栄には史上最強と呼ばれた「秘書軍団」がいた。地元・新潟担当の本間幸一、目白の山田泰司、金庫番の榎本敏夫、砂防会館の佐藤昭、スポークスマンの早坂茂三……。

しかし角栄は彼らを信頼しも、自分の仕事を任せ切りにはせず、無名の陳情者に対しても最後まで自分自身が対応した。

有権者との小さな対話の積み重ねを放棄することは、政治家としての死を意味すると角栄は考えていたのかもしれない。

事を為す

政治とはつまり、
事を為《な》すことということだよ。

©山本皓一

『角栄のお庭番』の著書がある元秘書の朝賀昭が、目白の私邸であるとき「オヤジさん、政治とはつまり何なのでしょうか」と聞いたとき、角栄は上を向いてこう答えたという。

政治とは何か――それを『実践』と即答した角栄のリアリズムは強烈だ。理念や思想とは別に、物事を具体的に動かし、変えていく。学者や評論家とは決定的に違う「職業としての政治家」の役割を意識していたからこそ、角栄は政界の中心に立ち続けることができた。

一番悪い政治家

どんな発言をすれば
マスコミに気に入られるか
大きく書かれるかと
考える人間がいる。
こういうのが一番悪い。
政治家としても大成しない。

選挙に受かりたいだけで、行動がともなわない政治家を手厳しく批判した田中角栄。叩き上げの政治を体現してきただけに、その思いは人一倍強かった。

一方で、自分を悪く書く記者に対しても接する態度を変えなかったため、番記者には人気が高かった。

「新聞記者は政治家を悪く書くのが商売。政治家は悪く書かれるのが商売」と、新聞記者出身の早坂茂三秘書に語っていた。

勝機を逃がさない

政治には勝機を
つかむタイミング、
かけがえのない一瞬がある。
そのチャンスを
とらえなければダメなんだ。

総理大臣として田中角栄が成し遂げた最大の仕事のひとつが「日中国交正常化」だった。いまなお「奇跡の成果」と語られるこの歴史的偉業は、角栄が総理に就任後、わずか2か月後に実現した。

角栄は総理に就任する半年前から「日中（国交正常化）をやる」と準備を進めていた。それをやるには支持率の高い総理就任後、周恩来、毛沢東という実力者と直接交渉できる「いま」しかない。攻める「タイミング」を見逃さない角栄の実行力は、数々の「伝説」として戦後史に定着している。

田んぼに入る勇気

農林省の役人は
コメ問題の権威かもしれない。
しかし、情熱がない。
田んぼのなかに入ったことも
ないような者が、
コメのことを分かるわけがない。

©山本皓一

「人間は体験したことを信じる」という経験則を信じた田中角栄。米農家の現実は「田んぼに入った者しか分からない。役人に分かるはずがない」とコメ行政の問題点を指摘していた。

角栄は選挙となると地元・新潟県のあぜ道に入り、農作業中に集まった10人、20人の支持者の前で辻説法を行った。それは20代で初当選してから、30年以上、続けられたという。

©山本皓一

角栄の言葉 81

目白に特ダネなし

オレのところには特ダネはないよ。特オチした社から恨まれたらかなわないからな。

朝から晩まで番記者に囲まれた田中角栄は、特定の記者にだけ情報を与え、世論を操作したりすることを嫌っていた。重要な情報は必ず全社そろった場所で発表したため、いつしか番記者たちの間で「目白に特ダネなし」という言葉が広まった。

記者たちに対して公平に、隠し事なく接しなければ、スクープを逃した記者は立場がなくなり、自分の敵になるかもしれない。これも人情家・角栄なりの「配慮」だったのだろうか。

角栄の言葉 82

人間を愛する

人間は誰しもできそこないだ。しかしそのできそこないを愛せなければ政治家はつとまらない。そこに政治の原点があるんだ。

「金権政治」と批判された田中角栄だが「オヤジの場合はカネで手に入れた権力じゃない。心で手に入れたものだ」と語ったのは田中派議員だった渡部恒三である。

角栄はたしかにカネを配った。しかし重要な点は、返済や見返りを求めて渡したものではなかったという点だ。それは「むき出しの愛情表現」だったと語る関係者は多い。「田舎の尋常小学校上がり」が一国の宰相になるまでの物語には、角栄の「弱者への眼差し」が通底している。

©山本皓一

心耳を澄ます

1974（昭和49）年、金脈問題の追及を受け首相退陣を表明したときの声明文。角栄は目白の私邸で親しい記者にこう語っていたという。

「雨の音はいいな。人生を考える」

この声明文の原文は「豪雨に耳を澄ます」だったが、秘書の早坂茂三が漢籍の大家であった安岡正篤に目を通してもらい「心耳を澄ます」という、まさに「心が入った」文章になったというエピソードがある。

わが国の前途に思いをめぐらすとき、私は一夜、沛然《はいぜん》として大地を打つ豪雨に心耳《しんじ》を澄ます思いであります。

角栄の言葉 84

信用できる記事

新聞で信用できるものが3つある。死亡記事に株の値段、それにテレビの案内欄だ。この3つにウソはない。

田中角栄はよく若手記者をこうからかった。

「新聞の1面、2面は読む必要ない。特に社説は必要ない。あれは物事をよく知らない人たちが、自分でも何を書いているのかよく分からないで書いている。読む人はますます政治が分からなくなる」

角栄が言いたかったのはこういうことだった。社説とは、顔や名前が知られることのない安全地帯からインテリが必要のない説教をしているに過ぎない。「決断と実行」の角栄ならではの皮肉である。

遠い親戚より近くの他人

遠い親戚より近くの他人のほうが大事だ。自分が金持ちでも近所隣が貧乏では結局やっていけない。みんなが良くなれば自分も良くなる。

田中角栄は、近隣諸国との「共存共栄」の思想を説いた政治家だった。いまでは考えられない「未来志向の外交」が成立したのも、角栄の基本的な政治信条が広く知れ渡っていたことが大きい。

国益というものを考えたとき、絶対に変わることのない「隣国」とどう対峙するか。そこでは政治家の根本的な価値観、歴史認識が問われる。昨今の田中角栄「再評価」の背景には、保守の側から平和主義を提唱した角栄政治への懐古があるのかもしれない。

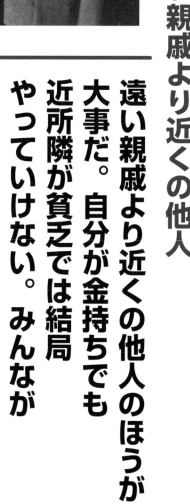

角栄の言葉 86

角福戦争

今日に至るまでにさまざまなことがあったにせよ、私に福田君への怨念はない。ないよ、それは。ゴルフを1日3ラウンドやる人間に怨念なんかあるものか。

田中角栄と長期にわたって権力闘争を繰り広げた福田赳夫。いわゆる「角福戦争」と呼ばれた両者の関係を、角栄ははっきりと否定してみせた。

東大、大蔵官僚出身の福田と尋常小学校卒の角栄の人生行路は何もかもが対照的で、マスコミは相容れない関係と書き立てたが、角栄は福田の力量を認め蔵相就任を乞うたこともあり「怨念はない」という告白にウソはなかったと思われる。

もとより熱しやすく冷めやすかった角栄の性格。「怨念」に生きるほどの執念は持ち合わせていなかっただろう。

女王と競馬

1973（昭和48）年、総理としてイギリスを訪問した際、エリザベス女王と会談した角栄は、いきなり得意の競馬談義を始めた。

「私も9歳から馬に乗っています。女王の所有馬『ゲイタイム』の子どもはダービーも取っている。日本にもダート1マイル1分34秒の馬がいて……」。女王は「あなたは専門家ですか」と非常に驚き、会話は大いに盛り上がった。女王と競馬の専門的な会話をした外国人は世界でも角栄だけだったという。

女王さん、ぜひ日本へいらしてください。私が東京競馬場に案内いたします。私は競馬の専門家ではありません。騎士です。

角栄の言葉 88

ガリバーの視点

『ガリバー旅行記』の主人公は巨人ガリバーだ。私の発想はガリバー的なんだ。政治家にとって大切なのはものごとを鳥瞰《ちょうかん》的、俯瞰《ふかん》的に見るということだ。

角栄は初当選から総理就任までの間に30近い議員立法を成立させた。それは本人をして「総理大臣をつとめたことよりもはるかに国家の役に立った仕事」と自負する内容であった。

長年にわたり国土開発の立法を手がけるうち、角栄は地図と地形を見るだけで、日本のどこに課題が残されているかを読み取れるようになったという。ガリバーの視点を獲得するのも、一朝一夕でできたわけではない。

角栄の言葉 89

政治家の難関

政治家というものは、資質や能力と関係ないところで難関にぶつかることもある。政治の世界はのし上がろうとすれば足を引っ張られる世界なんだ。

どんなに足を引っ張られても「コンピューター付きブルドーザー」の異名通り、馬力と信念で難局を切り開いてきた田中角栄。しかし「金脈問題」に続く「ロッキード事件」での逮捕・起訴は、さすがの角栄も抵抗し切れぬ「難関」だった。

だが、一度頂点の風景を見た男には「議員辞職して責任を取る」という発想はなかった。角栄は嵐のような批判にさらされ、有罪判決も受けた。しかし、歴史という名の法廷に立った田中角栄には、いま、まったく違う評価がなされている。

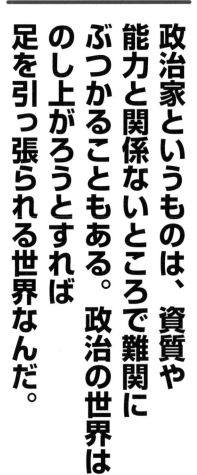

角栄の言葉 90

郵政大臣の一喝

スジの通ることなら諸君に味方して闇内でも強く発言するが、不当な政治闘争は許さん。オレは土建業のオヤジだ。君らの主張には耳を傾ける。

1957（昭和32）年、39歳の若さで郵政大臣に登用された田中角栄は、初登庁の前夜、武闘派と知られていた労組の看板を取り外させた。激怒した組合幹部を角栄は逆に怒鳴りあげた。

「どこの国に大家より大きな表札を掲げる店子があるか！」

これまでの、対話を恐れていた歴代大臣とはまったく正反対の「土建オヤジ」の登場に組合は驚き、それから両者は胸襟を開いて話し合うようになる。やがて闘争は下火になっていった。

吹きすぎて行く風

時代時代の政治家が消え去ったとしても国と大地は残り、人々の暮らしは続いていく。政治はあくまでも国民生活という主役を盛り立て、支える脇役であって、それ以上のものではない。

政治は、地表を吹きすぎて行く風のようなもので、国民にとって邪魔になる小石を丹念に拾って捨てる、それだけの仕事である。理想より現実を見つめ、国民がメシを食えるようにすることが大事だ。

©山本皓一

いい政治というのは、国民生活の片隅にあるものだ。目立たずつつましく国民の後ろに控えている。吹きすぎて行く風——政治はそれで良い。

角栄の言葉 92

トドメを刺さない

相手が立てなくなるまでやっつければ、敵方の遺恨は去らない。徹底的に論破してしまっては相手が救われない。土俵際には追い詰めるが、土俵の外に押し出す必要はない。

田中内閣時代には田中派議員だけでなく、野党にも多くの「隠れ田中派議員」がいたことは有名だ。国会運営をスムーズに展開するため、角栄は政敵を完全に潰しにかかることを本能的に警戒し、それをやらなかった。

黒白を付けることはときに心地良いものだが、それによって政治の幅は狭まり、損をすることになる。相手を生かすことが自分を生かすことだと角栄は肝に銘じていた。

「窓口天皇」の問題

日本の官僚制度はピラミッド型になっている。大臣、次官、局長は1年そこそこで変わるが、「窓口天皇」は何年もそこにいる。人を変えないから硬直している。

日本の官僚組織のシステムは下から上がってきたことがほぼその通りに固まってしまう。角栄の考えでは、上が決めて下が実行するというのが本来の姿である。

行政機構を本当に改革するためには、公務員の総定員をいまの半分に減らして、逆に局長を3倍にも5倍にも増やす。局長は課長が少なくとも3年ぐらい同じ仕事をしない限り、万年係長の「窓口天皇」が仕事を切り盛りすることになってしまう。

角栄の言葉 94

政治と教育の分離

人の悪口を言ったり、自分が過去に犯した過ちを反省せず自分がすべて正しいとする考え方は国のなかでも外でも通用しない。

1982（昭和57）年、いわゆる「教科書問題」が起き、中国・韓国と日本の間の外交トラブルに発展した事件があった。

角栄は「〝おまえのところを侵略したことはない〟と言ってしまってはミもフタもない」と指摘し次のように語っている。

「教育に政治を持ち込み混同させているることが間違いだ。一定の思想を混同させ、教育を混乱に追い込んでいる。政治から教育を切り離すことが急務だ」

角栄の言葉 95

イエスかノーか

日中国交正常化の1年後、1973（昭和48）年の日ソ共同声明は日本の外交史に残る出来事であった。

角栄は、玉虫色の回答に終始するブレジネフ書記長に、交渉リミット最後に「北方四島は返還されるのか。イエスかノーで答えてもらいたい」と迫り、「ダー」（イエス）という言葉を引き出した。だが、共同文書に領土問題は明記されず、返還問題は棚上げにされたままとなっている。

ブレジネフが「あなたは世界中の人の財布のなかまで知っている」と言うから、「日本人は貧乏なのでそうでないとやっていけない」と言ってやったよ。

角栄の言葉 96

核戦争の可能性

人類にとって最後の問題は、核戦争の問題だ。核戦争というのは、自分だけが勝つということはないんだ。そうだろう。人類がみんな死滅しちゃうんだから。

角栄は世界が核戦争に突入する可能性はないと見ていた。米ソ、中ソ戦争の勃発は冷静に分析するとあり得ないという指摘はいまのところ的中している。

角栄が実質的に政界での影響力を失ったあと、ソ連は崩壊し冷戦構造は終了、新しい時代に突入した。

角栄の一番の懸念はソ連崩壊後の新しい指導者が「戦争を知らない世代」になったときのことだった。

©山本皓一

角栄の言葉 97

総裁になって何をするか

いまの若い者が総理大臣候補でございますなんて言ったたって、総理総裁になって何をやるんだ、何ができるんだと。そこのところがハッキリしてなきゃダメだというんだ。

単なる権力闘争ほど虚しいものはない。

何のために政治を志し、総理大臣になって何をしたいのか。何ができるのか。それを明確に説明できる政治家のいかに少ないことか。

政治が権力闘争であることは間違いないが、だからこそ、そこに具体的な中身がなくてはならない。好き嫌いで闘争をしている連中は、政治が何も分かっていない。角栄が常々語っていたのは「志」であった。

角栄の言葉 98

トンネルはなぜ必要か

数億円のトンネルを作るなら最低何万人の利用者が必要と考えるのが官僚だ。利用者が150人でも欠かせないものは作る、それが政治だ。

地元への強力な利益誘導政治が批判された田中角栄。しかし、どんな「金権」と批判を受けても、経済効率や最大公約数的発想から生まれる杓子定規的な予算配分には異を唱え続けた。

角栄の考え方を突き詰めれば「本当に困っている人を最小限にする」という思想に行き着く。

道路、橋、トンネル、鉄道……それらは常に賛否両論のなかで作られ続けたが、角栄の信念は最後まで揺るがなかった。

オール・オア・ナッシング

鮮やかな成果のみが強調される角栄の政治だが、その背景にはいつも、最善の結末を目指しギリギリまで折衝する、血の出るような交渉があった。

困難を切り開くために必要なのは「やり抜く信念」と、周到な準備と作戦を練って物事に対応する「老獪な姿勢」だった。角栄はときにスジ論を主張し、ときに情を交え、もっとも有効な方法を引き出す選択肢を常に多く用意していた。ブレーンの多かった田中角栄の「策士」の一面である。

政治にはオール・オア・ナッシングというのはない。まず最善の策を考え、次に次善、三善の策まで考える必要がある。

角栄の言葉 100

戦争を知らない世代

©山本皓一

戦争を知っている世代が社会の中核にある間はいいが、戦争を知らない世代ばかりになると日本は怖いことになる。

将来、憲法改正があったとしても、9条の改正だけはないと断言していた田中角栄は、対決型の政治を避ける平和主義者として知られ、外交面でも大きな成果を歴史に残した。

角栄が世を去って30年が経過し、日本は戦後78年を迎えた。日本の現役政治家で実質的に戦争を知る者はほとんどいなくなった。憲法改正に向かって進む日本をいま角栄が見たらどう感じるのだろうか。

田中角栄年譜

西暦	年齢	事歴	主な出来事
1918年	0歳	新潟県刈羽郡二田村大字坂田に、父・角次、母・フメの次男として生まれる。父・角次がさまざまな事業に手を出し失敗し、極貧生活を余儀なくされる。	米騒動起こる。第一次世界大戦の休戦協定。
1933年	15歳	二田尋常高等小学校高等科を卒業。新潮社の新雑誌『日の出』の懸賞小説に応募。佳作に選ばれて5円の賞金をもらう。	作家・小林多喜二が逮捕され虐殺される。
1934年	16歳	上京。大河内正敏子爵（理化学研究所3代目所長）を頼ろうとしたが面会できず、井上工業東京支店に住み込む。のちに雑誌『保険評論』の見習い記者に転職。夜は私立中央工学校土木科で学ぶ。	室戸台風上陸。
1936年	18歳	中央工学校土木科を卒業。	2・26事件発生。
1937年	19歳	複数の建築事務所を経て、「共栄建築事務所」を設立。	日中戦争始まる（盧溝橋事件）。
1939年	21歳	応召。北満州にて兵役に就く。妹・ユキ江死亡の知らせを受ける。	第二次世界大戦勃発。
1941年	23歳	クルップス肺炎により、内地に送還。大阪日赤病院に収容される。10月に退院とともに除隊。「田中建築事務所」を開設（東京・飯田橋）。事務所の家主の娘にしてのちの妻・坂本はなと出会う。	太平洋戦争始まる。
1942年	24歳	坂本はなと結婚。長男・正法が生まれる（1947年、4歳で死亡）。	ミッドウェー海戦。
1943年	25歳	「田中土建工業株式会社」設立。当年度の年間施行実績全国50位内にランクインした。	東京都政施行。
1945年	27歳	朝鮮での工場移転工事を請け負い、渡鮮。終戦を朝鮮で迎え、帰国。進歩党への300万（諸説あり）円献金を承諾。同党の大麻唯男から出馬を勧められる。	ポツダム宣言受諾、終戦。
1946年	28歳	第22回総選挙。進歩党公認で立候補に踏み切る（新潟2区）。「群馬県境の三国峠を切り崩せば季節風は関東に抜けて、新潟のみんなが大雪に苦しむことはなくなる」と、「雪をなくす」を公約の一つに掲げた。37人中11位で落選。	公職追放令公布。吉田茂が日本自由党総裁を受託。
1947年	29歳	第23回総選挙に民主党から立候補し、12人中3位で当選（新潟3区）。衆院国土計画委員となる。臨時石炭鉱業管理法案に反対し、民主党を離党。同志クラブを結成。	日本国憲法施行。

西暦	年齢	事歴	主な出来事
1948年	30歳	民主自由党結成。選挙部長、新潟県支部幹事長に就任。第2次吉田茂内閣発足。法務政務次官に就任。炭鉱国管疑惑により逮捕。	大韓民国樹立宣言。
1949年	31歳	第24回総選挙に獄中から立候補し再選。	中華人民共和国成立。
1950年	32歳	建築士法案を提出。自身も一級建築士資格を取得。長岡鉄道（現越後交通）社長に就任。これに伴い、田中土建工業は閉鎖。	朝鮮戦争勃発。
1951年	33歳	炭鉱国管疑惑に対し、無罪判決が下る。	サンフランシスコ講和条約調印。
1952年	34歳	第25回総選挙で1位当選。	ヘルシンキ五輪に日本参加。
1953年	35歳	中央工学校の校長に就任（1972年に退任）。第26回総選挙で1位当選。	「バカヤロー」解散。
1954年	36歳	自由党副幹事長に就任。	第五福竜丸がビキニで被爆。
1955年	37歳	第27回総選挙で2位当選。	自由民主党が誕生。
1956年	38歳	娘（妻・はなの連れ子）を池田勇人の甥に嫁がせる。	日本、国際連合に加盟。
1957年	39歳	第1次岸信介内閣の郵政大臣に就任。戦後初の30代（39歳）での大臣就任となり、テレビ局と新聞社の統合系列化を推進した。	ロッテが「グリーンガム」発売。長嶋茂雄の巨人入団が決定。
1958年	40歳	第28回総選挙で1位当選。	東京タワー公開開始。
1959年	41歳	自民党副幹事長に就任。	安保闘争が激化。
1960年	42歳	中越自動車株式会社社長に就任。越後交通株式会社（旧・長岡鉄道）社長に就任。第29回総選挙で1位当選。	日米新安保条約発効。
1961年	43歳	自民党政務調査会長に就任。日本電建株式会社社長に就任。	ガガーリンが宇宙飛行に成功。
1962年	44歳	第2次池田勇人内閣で大蔵大臣就任。	女優マリリン・モンロー急死。
1963年	45歳	第30回総選挙で1位当選。	ケネディ大統領暗殺される。
1964年	46歳	父の角次死去（享年78）。	東京オリンピック開幕。
1965年	47歳	自民党幹事長に就任（蔵相は辞任）。	米軍の北ベトナム空爆開始。
1966年	48歳	自民党に起こった「黒い霧事件」の責任を取る形で自民党幹事長を辞任。	袴田事件が発生。ビートルズが初来日。
1967年	49歳	自民党都市政策調査会長に就任。第31回総選挙で1位当選。	「オールナイトニッポン」放送開始。
1968年	50歳	自身がまとめた「都市政策大綱」が自民党総務会で了承される。自民党幹事長に復帰。	3億円事件発生。
1969年	51歳	長女・眞紀子が、鈴木直人元衆議院議員の三男・直紀と結婚。直紀は田中姓を名乗る。第32回総選挙で1位当選。	東大安田講堂事件。アポロ11号が月面に着陸。

田中角栄年譜

1971年	53歳	第9回参院選で自民党が議員数を減らし、幹事長を辞任。通商産業大臣就任、日米繊維交渉が決着。	江夏豊がオールスターで9連続奪三振記録を樹立。
1972年	54歳	佐藤派から分離独立する形で、田中系議員が旗揚げ。『日本列島改造論』を発表。佐藤首相が引退、第64代内閣総理大臣に指名される。新潟県出身者として初の首相。ハワイでニクソン大統領と会談。9月、日中国交正常化を果たす。第33回総選挙で1位当選。	あさま山荘事件。札幌冬季五輪開幕。沖縄返還。
1973年	55歳	地価や物価が急上昇（狂乱物価）。小選挙区制度導入を撤回。日ソ共同声明発表。福田赳夫を蔵相に起用。	金大中事件発生。円が変動相場制に移行。第1次オイルショック。
1974年	56歳	第10回参議院選挙で自民党大敗。『文藝春秋』に「田中角栄研究」が掲載される。日本外国特派員協会で会見し、金脈問題について追及される。11月に辞意表明、12月に田中内閣総辞職。三木武夫内閣が発足。電源三法を成立させる。	ユリ・ゲラー来日。佐藤栄作元首相にノーベル平和賞。長嶋茂雄が引退を表明。
1976年	58歳	ロッキード事件表面化。7月、外為法違反の疑いで東京地検特捜部に逮捕される。自民党を離党、その後保釈金2億円で保釈される。第34回総選挙で1位当選。福田赳夫内閣発足。	児玉誉士夫邸にセスナ機が墜落。毛沢東死去。
1977年	59歳	ロッキード事件丸紅ルート初公判。田中自身は容疑を全面否認。田中派「七日会」解散。	青酸コーラ事件。エルビス・プレスリー急死。
1978年	60歳	母・フメ死去。享年86。鄧小平来日、目白の田中邸を訪問。福田赳夫内閣が総辞職し大平正芳内閣発足。"角影内閣"と呼ばれる。	日中平和友好条約調印。
1979年	61歳	ダグラス・グラマン航空機疑惑が新たに浮上し、衆参両院のロッキード問題特別委が、航空機輸入調査特別委に改称。第35回総選挙で1位当選、自民党は大敗。	ソ連がアフガニスタンに侵攻。
1980年	62歳	大平正芳首相急死。遺体のもとに駆けつけた角栄は「まさしく殉職だ」と涙を流した。鈴木善幸内閣発足。第36回総選挙で1位当選、自民党も圧勝。	日本がモスクワ五輪ボイコット。ジョン・レノン射殺。
1981年	63歳	『文藝春秋』にインタビュー記事掲載。総理復活への質問に、「考えたこともない。なろうとしてなれるものじゃない」。ロッキード事件丸紅ルート公判で、榎本敏夫の元夫人、三恵子が夫のアリバイを崩す証言。「ハチの一刺し」として有名になる。二階堂進が自民党幹事長に。	レーガン大統領就任。
1982年	64歳	上越新幹線（大宮―新潟）が開通。角栄は新幹線で新潟入りし、「これで新潟の産業は力を持つ。生産力は5倍、10倍に増えるだろう」。中曽根政権発足。田中派から6人が入閣し「田中曽根内閣」と揶揄される。	ホテルニュージャパン火災。500円硬貨発行。

1983年	65歳	前年自民党総裁選に立候補していた中川一郎議員が自殺。遺体のもとに駆けつけた角栄は、「バカヤロー、俺よりなんで先に死んだ！」と号泣した。ロッキード事件で有罪判決（懲役4年、追徴金5億円）。第37回総選挙で1位当選。	東京ディズニーランドオープン。
1984年	66歳	田中派総会に出席し、中曽根内閣への協力を明言。田中派（木曜クラブ）自体は総裁候補を出していなかったが、田中は「われわれが本流。カゴを担ぐ人のわらじを作っているのが諸君であり、私は敬意を表する」と呼びかけた。	グリコ・森永事件発生。
1985年	67歳	目白の田中邸での新年会の挨拶。「沈黙は金なり。長いあいさつをするバカはいない。謹賀新年、正月元旦。これだけ」。2月、脳梗塞に倒れ東京逓信病院に入院。個人事務所が閉鎖される。	プラザ合意。「ロス疑惑」の三浦和義逮捕。
1986年	68歳	第38回総選挙で1位当選。17万9062票を集めたが、角栄自身は選挙運動がまったく行えず、支持者たちによる選挙活動に。なお、田中は4年近くの任期中、一度も登院できなかった。自民党も圧勝。毎日新聞が「車椅子の田中角栄」をスクープ。	チェルノブイリ原発事故。アイドル・岡田有希子が自殺。
1987年	69歳	新年会に訪れた竹下登を門前払い。出版社・山手書房が倒産。「田中角栄は死なず」「君は田中角栄になれるか」などの田中角栄シリーズで人気を博した。ロッキード裁判控訴棄却。西山町を訪問。竹下登が経世会を旗揚げ。竹下内閣発足。	朝日新聞阪神支局襲撃事件。石原裕次郎死去。
1989年	71歳	政界引退が、田中真紀子の婿・直紀氏から発表される。「顧みて我が政治生活にいささかの悔いもなし」との声明文が読み上げられた。勤続43年、当選16回。	昭和天皇崩御。消費税施行。
1990年	72歳	海部俊樹首相が衆議院解散。正式に政界引退。新潟県越山会が県選管に解散届けを提出し、解散。前後して各地の越山会も解散している。	勝新太郎が麻薬所持容疑で逮捕。
1992年	74歳	中国の江沢民総書記が目白の田中邸を訪問。日中国交回復20周年で招待され訪中する。	尾崎豊死去。
1993年	75歳	第40回総選挙で娘の田中真紀子が1位当選。角栄自身も新潟入りし応援活動。翌日は当選のお礼に車で地元を回る。新宿区の慶應義塾大学病院に転院。12月16日、午後2時4分、慶應義塾大学病院で死去。享年75。死因は甲状せん機能障害に肺炎の併発。戒名は政覚院殿越山徳栄大居士。墓所は新潟県柏崎市（旧西山町）田中邸内。ロッキード事件は上告審の審理途中で公訴棄却となった。	皇太子さま・雅子妃が結婚。サッカー・Jリーグが開幕。

主要参考文献

『私の履歴書』田中角栄・日本経済新聞社／『日本列島改造論』田中角栄・日刊工業新聞社／『自伝 わたくしの少年時代』田中角栄・講談社／『私の田中角栄日記』佐藤昭子・新潮社／『田中角榮　私が最後に、伝えたいこと』佐藤昭子・経済界／『熱情　田中角栄をとりこにした芸者』辻和子・講談社／『絆　父・田中角栄の熱い手』田中京・扶桑社／『昭　田中角栄と生きた女』佐藤あつ子・講談社／『オヤジとわたし。頂点をきわめた男の物語／田中角栄との23年』早坂茂三・集英社／『早坂茂三の「田中角栄」回想録』早坂茂三・小学館／『政治家　田中角栄』早坂茂三・中央公論社／『オヤジの知恵』早坂茂三・集英社インターナショナル／『オヤジの遺言』早坂茂三・集英社インターナショナル／『角栄のお庭番　朝賀昭』中澤雄大・講談社／『人間田中角栄』馬弓良彦・ダイヤモンド社／『戦場の田中角栄』馬弓良彦・毎日ワンズ／『田中角栄研究全記録』〈上・下〉立花隆・講談社文庫／『田中角栄全記録　密着2年半、2万カットからの報告』山本皓一・集英社／『田中角栄　戦後日本の悲しき自画像』早野透・中央公論新社／『田中角栄　政治の天才』岩見隆夫・学陽書房／『田中角栄秘録』大下英治・イースト・プレス／『壁を破って進め　私記　ロッキード事件』〈上・下〉堀田力・講談社文庫／『ザ・越山会』新潟日報社編・新潟日報事業社出版部／『宰相田中角栄の真実』新潟日報報道部編・新潟日報事業社／『田中角栄に訊け！　決断と実行の名言録』後藤謙次監修・プレジデント社／『私の中の田中角榮』田中角榮記念館編・海竜社

ワイド新版

田中角栄100の言葉

2023年11月29日 第1刷発行

編　者　　別冊宝島編集部
発行人　　蓮見清一
発行所　　株式会社宝島社
〒102-8388　東京都千代田区一番町25番地
営業：03-3234-4621
編集：03-3239-0927
https://tkj.jp
印刷・製本　中央精版印刷株式会社

ISBN 978-4-299-04926-1